小学校算数・中学校数学
「データの活用」の授業づくり

静岡大学教育学部教授
栗元新一郎

編著

はじめに

　これからを生き抜く児童・生徒たちが大人になって活躍する時代は，どんな世界になっているでしょうか。今まで以上に，量（Volume），多様性（Variety），速度（Velocity）の3つの特徴をもつビッグデータに囲まれた生活をすることになるでしょう。そして，データを表・グラフ・代表値などに加工して主張する「情報を発信する側」，あるいは，発信された統計にかかわる主張を読み取る「情報を受信する側」のどちらの立場になったとしても，多面的・批判的に解釈したり判断したりする能力が一層必要になるでしょう。

　このような時代の要請を受け，平成29年告示の学習指導要領では，小学校算数・中学校数学において統計・確率分野の内容が「データの活用」領域として統一・充実されました。

　本書では，上記の背景を基にして，統計の授業づくりの参考になるように構成しました。

　第1章では，統計指導を一層充実する必要性や，各学年における統計の指導内容とポイントについて解説しています。統計を十分に学んでこなかった方は，巻末の用語解説を適宜参考にしていただければと思います。

　第2章では，優れた実践例（小学校6本，中学校5本）を現場の先生に執筆いただき，各実践例の最後に実践から学ぶポイントを記述しました。小中連携・小中接続の推進が叫ばれている中，算数・数学の統計指導の系統性を実感していただければと思います。

　先生やこれから先生になる学生の皆さんの参考になれば幸いです。

2019年6月

松元新一郎

Contents

第1章
統計の授業づくりに向けて

1節　統計指導を一層充実する必要性

1　社会の動向 ……………………………………………………………… 009
2　教育の動向 ……………………………………………………………… 010
3　学習指導要領の改訂 …………………………………………………… 011

2節　各学年における統計の指導内容とポイント

1　小学校の統計の指導内容とポイント ………………………………… 017
2　中学校の統計の指導内容とポイント ………………………………… 023

3節　統計指導における教材研究の方法

1　データの集め方 ………………………………………………………… 029
2　データカードの活用 …………………………………………………… 030
3　アンケート調査 ………………………………………………………… 031

4節　統計指導における ICT の活用

1　ICT の有効な活用のあり方 …………………………………………… 034
2　表計算の活用 …………………………………………………………… 035
3　統計グラフ作成ソフト（フリーソフト）の活用 …………………… 036

第2章
データの活用の授業実践例

| 小学1年 | 習得 | 絵グラフをつかったかずしらべ |

どんぐりの数を調べて特徴を捉えよう …………… 040

| 小学2年 | 習得・活用 | データカードを使った資料の再整理と読み |

育てたい野菜を決めよう …………… 046

| 小学3年 | 活用 | 複数の棒グラフを結び付けた推論 |

3年2組のけがを減らそう …………… 052

| 小学4年 | 活用 | 適切なグラフを使った資料の考察 |

みんな元気！ 健康大作戦 …………… 058

| 小学5年 | 活用 | データに対する多面的・批判的な考察 |

目指せ！ 「おすすめの本」読破 …………… 064

| 小学6年 | 習得・活用 | 代表値を使った多面的な読み取り |

どれくらい本を借りたのだろう？ …………… 070

Contents 005

| 中学1年 | 習得 | 相対度数や累積度数の必要性と意味 |

今年度と昨年度の1年生の学習時間を比較しよう ⋯⋯⋯⋯076

| 中学1年 | 活用 | データを根拠にした多面的・批判的な考察 |

「ボールつかみどりゲーム」の景品の得点を考えよう ⋯⋯⋯⋯082

| 中学2年 | 習得 | ドットプロットを用いた箱ひげ図の導入 |

数字探しゲームの結果をまとめてみよう ⋯⋯⋯⋯088

| 中学2年 | 活用 | 複数の箱ひげ図を用いた批判的な考察 |

一番暑い都市はどこだろう？ ⋯⋯⋯⋯094

| 中学3年 | 活用 | 箱ひげ図を用いた母集団の推定 |

ハンドボール投げの記録の傾向を推定しよう ⋯⋯⋯⋯100

用語解説編
統計の森へようこそ

1　データの種類 ……………………………………………………… 108
　　質的データ
　　量的データ
　　時系列データ
　　尺度によるデータの種類の細分化

2　データを整理する表 ……………………………………………… 110
　　1次元表（小2），2次元表（小3・小4）
　　度数分布表（小6）
　　累積相対度数分布表（中1）
　　2次元の度数分布表（高校）

3　データを視覚化するグラフ ……………………………………… 113
　　絵グラフ（小1），記号を用いたグラフ（小2）
　　棒グラフ（小3）
　　折れ線グラフ（小4）
　　複合グラフ（小4）
　　円グラフ，帯グラフ（小5）
　　幹葉図
　　パレート図
　　ドットプロット（小6）
　　ヒストグラム（柱状グラフ）（小6），度数分布多角形（中1）
　　累積度数グラフ

Contents　007

箱ひげ図（中2）

散布図（高校）

回帰直線

4 データの代表値 ··· 125

平均値（小6）

中央値（小6）

最頻値（小6）

5 データの散らばりを把握する統計量 ················· 129

範囲（中1）

四分位範囲（中2）

分散・標準偏差（高校）

正規分布・標準正規分布（高校）

相関係数（高校）

6 データの一部から全体を把握する方法❶—標本調査 ···· 133

全数調査と標本調査（中3）

標本の取り出し方

標本誤差の検討（高校）

7 データの一部から全体を把握する方法❷—推定・検定 ··· 141

点推定と区間推定（高校）

仮説検定の考え（高校）

仮説検定（高校）

書籍紹介 ·· 145
引用・参考文献 ··· 147

第1章 統計の授業づくりに向けて

太字の用語は巻末に解説があります

1節 統計指導を一層充実する必要性

1 社会の動向

　インターネットを代表とする情報化社会では，様々な情報が大量に飛び交っており，この中から，データを分析して，的確に判断する能力が大切になっています。例えば，私たちの生活において，旅行やレストランの予約をする際，webサイトにある「口コミ」のランキングなどのデータを材料として検討します。企業でも，顧客からデータを集めて経営戦略を立てています。例えば，コンビニエンスストアでは，レジ（会計）で収集した「売れた商品の名前」「販売価格」「売れた個数」「販売した時間」「販売店舗」「顧客の情報」などの様々なデータを基にして，次の仕入れ内容や品ぞろえの検証などのマーケティングに活用しています。さらに，企業では，QC（品質管理）活動として製品・サービス・仕事などの質の管理・改善を行っています。例えば，生産ラインではデータを収集し，製品の「ばらつき」を最小限にするために，統計的に分析して，質の高い製品をつくる努力を日々行っています。「データは世界の新しい天然資源」（IBMジニー・ロメッティ会長・最高経営責任者）と言われるように，個人にとっても社会にとっても，今後，統計データを有効に利活用する能力が一層必要になるでしょう。

2 教育の動向

　このような社会の動向は，平成29／30（2017／2018）年告示の学習指導要領の方向性を定めた中央教育審議会答申（2016）で次のように述べられています。

> 　21世紀の社会は知識基盤社会であり，新しい知識・情報・技術が，社会のあらゆる領域での活動の基盤として飛躍的に重要性を増していく。こうした社会認識は今後も継承されていくものであるが，近年顕著となってきているのは，知識・情報・技術をめぐる変化の早さが加速度的となり，情報化やグローバル化といった社会的変化が，人間の予測を超えて進展するようになってきていることである。
>
> 幼稚園，小学校，中学校，高等学校及び特別支援学校の学習指導要領等の改善及び必要な方策等について（答申）p.9

　小・中・高等学校教育を通じて育成を目指す資質・能力を，「知識・技能」「思考力・判断力・表現力等」「学びに向かう力・人間性等」の三つの柱に沿って明確化され，各学校段階を通じて，算数・数学科では，実社会とのかかわりを意識した数学的活動の充実等を図っていくことを求めています。そして，算数科・数学科の内容の見直しのうち，統計については以下のように述べています。

> 　社会生活などの様々な場面において，必要なデータを収集して分析し，その傾向を踏まえて課題を解決したり意思決定をしたりすることが求められており，そのような能力を育成するため，高等学校情報科等との関連も図りつつ，小・中・高等学校教育を通じて統計的な内容等の改善について検討していくことが必要である。
>
> 上記答申 p.143

　このように，平成20（2008）年告示の学習指導要領で充実した統計の内容

について，データの収集・分析や意思決定の必要性から，さらに充実させるように答申しています。

3 学習指導要領の改訂

　上記の答申を受けて発表された平成29／30年告示の学習指導要領では，統計（確率）の指導が，領域・内容知・方法知の各側面で重視されたものとなっています。

1 統計（確率）領域の見える化

　図1のように，小学校・中学校を通して「D データの活用」領域が設定されました。平成20年告示の学習指導要領・算数では，「数量関係」の領域があり，「関数の考え」「式の表現と読み」「資料の整理と読み」の3つの下位領域からなっていましたが，今回の改訂で，「資料の整理と読み」の内容が，新たに設けた「データの活用」の領域に移行しています。また，中学校では，「資料の活用」から「データの活用」に領域の名称が変更になっています。

　これは，内容の系統性や発展性の全体を，中学校数学科との接続をも視野に入れて整理したもので，さらに，高等学校における数学Ⅰの「データの分析」（**分散・標準偏差，散布図，相関係数**），や数学Bの「統計的な推測」（**推定・検定**）につながっていきます。

図1　小学校算数・中学校数学の領域

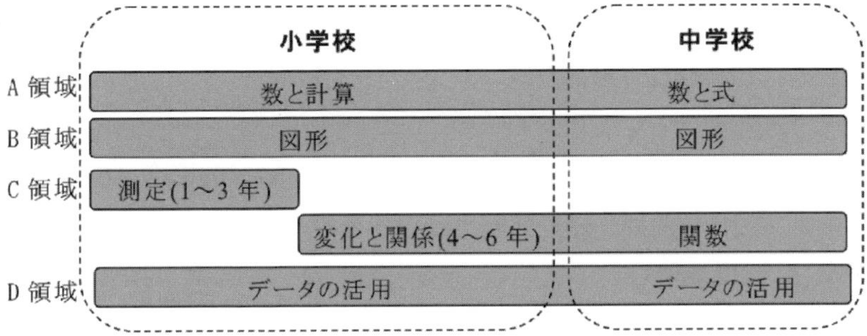

	小学校	中学校
A 領域	数と計算	数と式
B 領域	図形	図形
C 領域	測定(1～3年)	
	変化と関係(4～6年)	関数
D 領域	データの活用	データの活用

第1章　統計の授業づくりに向けて　011

2 内容知の充実（各学年の詳しい指導内容については，2節を参照）

　小学校では，小6に**ドットプロット**を用語・記号として位置づけられていますが，これまでも小6の教科書では**度数分布表・柱状グラフ**の学習の前にありました。ドットプロットは，**量的データ**の散らばりを視覚化する道具として優れていること，中学校で学習する**箱ひげ図**の素地指導にあたること，から重要な統計グラフです。さらに，小6では，中1で指導していた**中央値**や**最頻値**といった**代表値**も取り扱うことになりました。

　中学校では，中1で**累積度数**，中2で**箱ひげ図**が位置づけられました。累積度数はかつて中学校で指導していた内容ですが，箱ひげ図は平成21年（2009）告示の高等学校学習指導要領においてはじめて日本で導入された統計グラフです。今回中学校ではじめて指導することになったので指導の蓄積がなく，早急に教材開発・指導法・評価方法などを検討することが必要です。

　なお，統計に関わる表やグラフは，他教科の教科書や資料集などで扱われているので，連携した指導が大切です。

表1　小学校・中学校の「D　データの活用」の各学年の主な指導内容

小学校	小1	絵や図を用いた数量の表現
	小2	簡単な表やグラフ
	小3	棒グラフ
	小4	二次元表・折れ線グラフ
	小5	円グラフ・帯グラフ
	小6	代表値（中1から）・ドットプロット・度数分布・柱状グラフ，起こりうる場合の数
中学校	中1	ヒストグラム・相対度数・累積度数，統計的確率（中1から）
	中2	四分位範囲・箱ひげ図（高校から），数学的確率
	中3	標本調査

3 方法知の充実

　学習指導要領解説には，以下のような記述があり，データの活用の指導において，「統計的な問題解決の方法」と「批判的に考察すること」という方法知に焦点が当たっています。

> 　多くの情報が氾濫する高度情報化社会では，目的に応じて情報を適切に捉え，的確な判断を下すことが求められる。小・中・高等学校の各学校段階を通じて，統計的な問題解決の方法を身に付け，データに基づいて的確に判断し批判的に考察することができるようにする必要がある。算数科では，データを様々に整理したり表現してその特徴を捉えたり，代表値やデータの分布の様子を知って問題解決に生かすなど，統計的な問題解決の方法について知り，それを実生活の問題の解決過程で生かすことを学習する。
>
> 　　　　　　　　　　　　　　　　　　小学校学習指導要領解説・算数編 p.36

①統計的な問題解決の方法

　統計的な問題解決の方法とは，「『問題―計画―データ―分析―結論』という五つの段階を経て問題解決すること」（小学校学習指導要領解説・算数編 p.272）と述べられています（表3参照）。これは統計学の研究者で統計教育にも精通しているオークランド大学の Wild 氏と Pfannkuch 氏（1999）が採用している「問題―計画―データ―分析―結論」の探究サイクル（PPDAC サイクル）が先進国を中心として世界に広まり，日本の学校現場にも上陸したことを意味しています。

　この統計的な問題解決の方法を単元計画や各授業に位置付ける際に，「数学的活動」との関連性を検討する必要があります。平成29年告示学習指導要領で数学的活動の定義は「事象を数理的に捉えて，数学の問題を見いだし，問題を自立的，協働的に解決する過程を遂行すること」となり，図2の「算数・数学の学習過程のイメージ」における「算数・数学の問題発見・解決の

第1章　統計の授業づくりに向けて　013

過程」の2つのサイクルを回す一連の活動にあたります。統計的な問題解決の方法は、図2のうち、現実の世界を通る過程（プロセス）になります。

図2　算数・数学の学習過程のイメージ（中央教育審議会，2016）

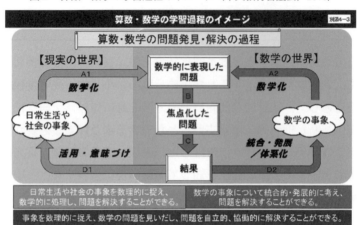

②多面的・批判的に考察すること

　先述のように、情報化社会において大量の情報に接する機会をもつ子どもたちにとって、データやグラフなどの玉石混淆の資料を見抜く目（批判的な思考）が必要です。さらに、子どもたちが将来仕事で新商品の開発などの経営戦略を立てるためには、これまでのデータを様々な角度から整理・分析するエビデンス（証拠）に基づく主張（多面的な思考）が大切になります。

　このような動向を受けて、表2のように、「思考力，判断力，表現力等を身に付けること」として、多面的・批判的に考察することが示されています。さらに、高等学校の「数学Ⅰ」「数学B」の統計分野でも「批判的に考察する」が示されていて、数学の、特に統計領域で多面的で批判的な思考力を育てることが求められています。

　批判的思考（クリティカルシンキング critical thinking）は「相手を非難する思考」ではありません。心理学者の楠見（2013）は、批判的思考において大切なことを、次のように述べています。

表2　学習指導要領で示された「多面的・批判的に考察すること」

小5	目的に応じてデータを集めて分類整理し，データの特徴や傾向に着目し，問題を解決するために適切なグラフを選択して判断し，その結論について<u>多面的に捉え考察する</u>こと。
小6	目的に応じてデータを集めて分類整理し，データの特徴や傾向に着目し，代表値などを用いて問題の結論について判断するとともに，その妥当性について<u>批判的に考察する</u>こと。
中1	目的に応じてデータを収集して分析し，そのデータの分布の傾向を読み取り，<u>批判的に考察し判断する</u>こと。
中2	四分位範囲や箱ひげ図を用いてデータの分布の傾向を比較して読み取り，<u>批判的に考察し判断する</u>こと。
中3	標本調査の方法や結果を<u>批判的に考察し表現する</u>こと。

・相手の発言に耳を傾け，証拠や論理，感情を的確に解釈すること

・自分の考えに誤りや偏りがないかを振り返ること

　問題解決の最後の段階で「振り返ってみましょう」と発話するように，「反省的思考（内省的思考）reflective thinking」がよく用いられています。反省的思考の対象は「自分」であるのに対して，批判的思考の対象は「他者」と「自分」であることが特徴的です。また，代数・解析・幾何の思考は演繹的推論（前提を用いて論理的に結論を導く）であるのに対して，統計の思考は帰納的推論（多数の経験から一般的な結論を導く）です。帰納的推論の特徴は，予想や予測することには適していますが必ずしも真ではありません。したがって，自己や他者の思考の一つひとつを「本当に正しいのかな？」と批判的に検討する必要があります。

③統計的な問題解決の方法と批判的思考の関連

　①と②を踏まえ，表3のように統計的な問題解決における批判的思考の働

きをまとめました。統計的な問題解決はこの順序で一方通行的に進むものではなく，批判的思考を働かせながら「行きつ戻りつ」する活動になります。児童・生徒が批判的思考を働かせるためには，教師の意図的な働きかけ（補助発問や机間指導における声かけなど）が大切になります。表3にあげた批判的思考の働きの例を参考にして，児童・生徒への支援のあり方を検討してみましょう。

　なお，中3において「実際に行った標本調査だけではなく，新聞やインターネットなどから得られた標本調査の方法や結果についても，批判的に考察し表現できるようにすることが大切である」ことが学習指導要領解説に示されています。インターネット上の調査があったとき，「母集団は明らかになっているか」「標本は無作為に抽出されているか」「標本の大きさが示されているか」「標本から得られた標本平均や標本比率に誤差が記載されているか」「調査結果から得られた結論は妥当か」など，標本調査のプロセスを批判的に検討する必要があります。

表3　統計的な問題解決における批判的思考の働き（松元2017）

	統計的な問題解決の相		批判的思考の働き（例）
問題 （Problem）	問題を把握して，統計的に解決が可能な課題を設定する。		・課題の設定方法は正しいか。
計画 （Plan）	課題を解決するために必要なデータを収集する方法を考える。		・収集する方法は妥当であり，信頼性があるか。
データ （Data）	データを収集する。収集したデータの中に無答や無意味な回答がある場合はそれらのデータを除く（データのクリーニング）。		・データの収集は的確に行われたか。 ・課題に照らして除いた方がよいデータはないか。
分析 （Analysis）	統計グラフを作成したり，範囲や代表値（平均値，中央値，最頻値）などを求めたりしたうえで，分析する。		・選択したグラフやグラフの軸の設定は，課題解決に照らして妥当か。 ・代表値の選択や計算は妥当か。
結論 （Conclusions）	分析した結果から結論を出す。さらなる課題や活動全体の改善点を見出す。		・グラフや代表値などから導かれた結論は妥当か。

2節　各学年における統計の指導内容とポイント

1 小学校の統計の指導内容とポイント

1 第1学年（小1実践事例　p.40参照）

　知識及び技能を身に付けることとして、「ものの個数について、簡単な絵や図などに表したり、それらを読み取ったりすること」が示されています。例えば、特別活動に関連させて遠足でいく「水族館の観察記録」などを用いて授業を展開することが考えられます（図3参照）。動物の大きさが異なるため、**絵グラフ**の高さでは数量の大小を比べられないことから、数と計算領域で培ってきた「1対1対応の考え方」を用いて、数量の大小の判断を視覚的にできるよ

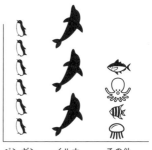

図3　A小学校1年の班ごとに観察した動物

うにすることを通して、**質的データ**の大きさをそろえて絵グラフにしていくことのよさを理解できるようにします。

　思考力、判断力、表現力等を身に付けることとして、「データの個数に着目し、身の回りの事象の特徴を捉えること」が示されています。例えば、生活科の「生活や出来事の交流」に関連させて「年末の大掃除を手伝った内容」について、児童に冬休みの宿題として年明けにデータを収集しておくのと同時に、保護者会等でお手伝いしてほしい内容を事前に収集しておきます。そして、知識及び技能として身に付けた絵グラフを使って自分たちが手伝った大掃除の内容やその数量の大小を確認します。その後、家の人が手伝ってほしかった大掃除の内容の絵グラフを示して対比させ、読み取ったことを対話することが考えられます。以上のように、他教科や特別活動と関連付けながら指導計画を立てるとよいでしょう。

2　第2学年（小2実践事例　p.46参照）

　知識及び技能を身に付けることとして，「身の回りにある数量を分類整理し，簡単な表やグラフを用いて表したり読み取ったりすること」が示されています。例えば，既習の絵グラフを再度示して，数を数えることで**1次元表**をつくります（表4参照）。また，「簡単にグラフをかくにはどうすればよいか」と発問し，絵を省略する発想を引き出し，○を使って簡素に表現できることのよさを実感することが大切です。

表4　A小学校1年の班ごとに観察した動物

動物	班
ペンギン	6
イルカ	3
そのた	4

図4　データカード

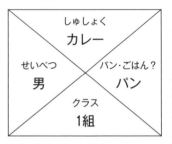

　思考力，判断力，表現力等を身に付けることとして，「データを整理する観点に着目し，身の回りの事象について表やグラフを用いて考察すること」が示されています。例えば，データカード（図4，p.30参照）を利用して，給食にかかわるデータを収集し，これを持ち寄ってどんな給食に関心があったかを共有し，どんな観点で整理したらよいかを考える場面を設けることが考えられます。主食に着目した場合は，表5・図5のように整理して傾向を読み取り，発表し合うことができます。なお，整理する観点によって分析に違いが出ることも理解できるようにすることが大切です。

表5　給食の好きな主食メニューしらべ（人）

うどん	4
カレー	6
ハンバーグ	10
やきそば	5
そのた	3

図5　給食の好きな主食メニューしらべ

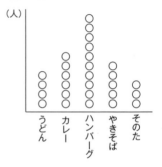

3 第3学年（小3実践事例　p.52参照）

　知識及び技能を身に付けることとして，「日時の観点や場所の観点などからデータを分類整理し，表に表したり読んだりすること」「棒グラフの特徴やその用い方を理解すること」が示されています。表については，例えば，表6が1組のデータであったとき，2組のデータと一緒に表に整理して簡単な**2次元表**を**正の字**を使って作ることができるようにします（p.110参照）。また，**棒グラフ**の特徴については，基本的なよみかきの学習の際に「棒グラフは数量の大小を比較することができること」「縦軸を省略して量の大小の差を強調することができること」が理解できるようにします（p.114参照）。

　思考力，判断力，表現力等を身に付けることとして，「データを整理する観点に着目し，身の回りの事象について表やグラフを用いて考察して，見いだしたことを表現すること」が示されています。例えば，「給食の好きな主食メニューを調べたい」という問題設定を基にして，3年生のデータを「男女別」「クラス別」などの2次元表に整理したうえで，複数の棒グラフを組み合わせたグラフ（図6）に表します。これらのグラフから，「1組はカレーライスが好きな人が多い」や「女子はハンバーグが好きな人が多い」といった**層別**の特徴などを捉えて伝え合うことで，主張によって適切なグラフの表し方が異なることや様々な読み取り方があることを理解することが大切です。

図6　給食の好きな主食メニュー調べ

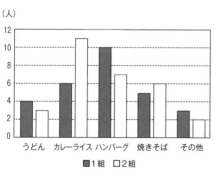
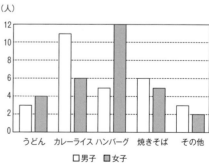

第1章　統計の授業づくりに向けて　019

4 第4学年（小4実践事例 p.58参照）

知識及び技能を身に付けることとして，「データを二つの観点から分類整理する方法を知ること」「折れ線グラフの特徴とその用い方を理解すること」が示されています。表については，例えば，保健委員会の衛生検査におけるハンカチとティッシュペーパーを持ってきたかどうかのデータを使って**2次元表（2×2分割表）**をつくることや読み取ることが考えられます（表6）。また，**折れ線グラフ**の特徴については，基本的なよみかきの学習の際に「折れ線グラフは数量（**時系列データ**）の変わり方を読み取ることができること」「縦軸を省略して量の大小の変化の差を強調することができること」が理解できるようにします。

表6　ハンカチ・ティッシュペーパー調べ

		ティッシュペーパー ○	ティッシュペーパー ×	合計
ハンカチ	○	18	5	23
ハンカチ	×	4	2	6
合計		22	7	29

思考力，判断力，表現力等を身に付けることとして，「目的に応じてデータを集めて分類整理し，データの特徴や傾向に着目し，問題を解決するために適切なグラフを選択して判断し，その結論について考察すること」が示されています。例えば「図書室の利用状況を調べたい」という問題設定を基にして，クラスのデータを「今週・来週の利用状況」「月別の借りた冊数と開室日数」などの2次元表・**複合グラフ**に整理し，自分たちの図書室の利用状況の特徴などを捉えて伝え合うことで，主張によって適切なグラフの表し方が異なることや様々な読み取り方があることを理解することが大切です。

表7　図書室の利用（1組）

		今週（人）○	今週（人）×	合計
来週（人）	○	10	3	13
来週（人）	×	5	11	16
合計		15	14	29

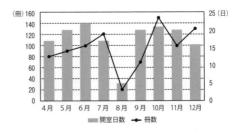

図7　月別の借りた冊数と開室日数（1組）

5 第5学年（小5実践事例　p.64参照）

　知識及び技能を身に付けることとして，「円グラフや帯グラフの特徴とそれらの用い方を理解すること」「データの収集や適切な手法の選択など統計的な問題解決の方法を知ること」「平均の意味について理解すること」が示されています。**円グラフ**や**帯グラフ**については，基本的なよみかきの学習の際に「それぞれの量の割合がわかること」「それぞれの量の割合同士を比べることができること」が理解できるようにします。なお，割合に関わる理解が不十分な児童が多いので，考え方や求め方を振り返るきっかけと捉えることが大切です。統計的な問題解決の方法については，「問題―計画―データ―分析―結論」という5つの段階がわかるように（p.16参照），ワークシートと黒板でその流れを視覚化することが大切です。平均については，いくつかの数や量をならして，同じにしたときの大きさをそれらの数や量の平均と捉える**測定値の平均**を学びます。

　思考力，判断力，表現力等を身に付けることとして，「目的に応じてデータを集めて分類整理し，データの特徴や傾向に着目し，問題を解決するために適切なグラフを選択して判断し，その結論について多面的に捉え考察すること」「概括的に捉えることに着目し，測定した結果を平均する方法について考察し，それを学習や日常生活に生かすこと」が示されています。例えば，「図書室の利用状況を調べたい」という問題設定を基にして（前ページ小4参照），表7，図7，学校全体の1日あたりの利用人数（表8）や貸し出し数（図8）などから，主張をするための適切なグラフを選択し，結論について多面的に捉え考察できることを共有するとともに，統計的な問題解決の過程を振り返ることが大切です。

表8　A小学校の図書室の1日あたりの利用人数

学年	1年	2年	3年	4年	5年	6年
人数（人）	10.5	12.3	14.1	11.2	8.7	5.4

図8　A小学校の図書室の貸し出し数

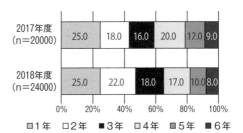

6 第6学年（小6実践事例 p.70参照）

　知識及び技能を身に付けることとして、「代表値の意味や求め方を理解すること」「度数分布を表す表やグラフの特徴及びそれらの用い方を理解すること」「目的に応じてデータを収集したり適切な手法を選択したりするなど、統計的な問題解決の方法を知ること」が示されています。代表値（**平均値**、**中央値**、**最頻値**）については、データの分布が非対称や**多峰性**であったり、**外れ値**があったりすると、平均値はデータが集中している付近からずれることがあり、このようなときは中央値や最頻値を用います。また、例えば、ある弁当屋が、どのような値段の弁当を多くつくるかを決める場合、今月に売れた弁当の価格の平均値よりも最頻値の弁当を最も多くつくる方が適しています。代表値を用いる場合は、資料の特徴や代表値を用いる目的を明確にしたうえで、どの代表値を用いるか判断する必要があります。**ドットプロット**は量的データの散らばりを視覚化する基本的なグラフで、**度数分布表**の**階級**や**階級の幅**を決める指標になります。度数分布表を基にして作成した**柱状グラフ（ヒストグラム）**では、例えば、図9から通学時間が15分以上25分未満の階級の度数は30人でこの階級に中央値が含まれています。このように、度数分布表や柱状グラフから数量の分布の様子を的確に捉えることが大切です。

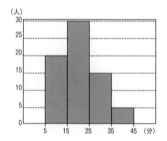

図9　A小学校6年生の通学時間

　思考力、判断力、表現力等を身に付けることとして、「目的に応じてデータを集めて分類整理し、データの特徴や傾向に着目し、代表値などを用いて問題の結論について判断するとともに、その妥当性について批判的に考察すること」が示されています。調査の目的に応じて、収集した方法、集めたデータ、まとめた表・グラフ・代表値、考察などが、的確かどうか批判的に考察します。目的に応じて収集するデータが異なることや、それに応じて分析する手法も異なることを知るとともに、小学校6年間で学んだ表・グラフなどの各特性を振り返ることが大切です。

2 中学校の統計の指導内容とポイント

1 第1学年（実践事例 p.76, 82参照）

知識及び技能を身に付けることとして，「ヒストグラムや相対度数などの必要性と意味を理解すること」「コンピュータなどの情報手段を用いるなどしてデータを表やグラフに整理すること」が示されています。中1で統計的確率を指導することになったため，統計と確率をつなぐ役割を果たす**相対度数**の扱いが一層重要になります。しかし，全国学力・学習状況調査の結果をみると，相対度数の用語の意味や計算に課題が見られるので，指導の改善が必要です。また，代表値が小6に移行し，**累積度数（累積相対度数** p.112参照）が新たに加わり

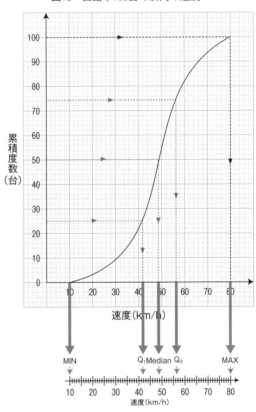

図10　自動車100台の瞬間の速度

ました。なお，累積度数の考え方は，2年で学習する箱ひげ図に関連付けることができます。例えば，シンガポールの教科書（図10一部修正）では，100台の自動車の速度に関する累積度数曲線[1]から**四分位数，四分位範囲**（p.129参照）などを推定し，箱ひげ図をつくる活動が行われています。この

---

[1] 累積（相対）度数曲線は正確ではないので，折れ線となる**累積度数グラフ（累積相対度数グラフ）** で考えるとよい（p.122参照）。

第1章　統計の授業づくりに向けて　023

ように，累積相対度数が25％や75％である位置を予測する活動をしておき，2年の学習につなげることも考えられます。

思考力，判断力，表現力等を身に付けることとして，「目的に応じてデータを収集して分析し，そのデータの分布の傾向を読み取り，批判的に考察し判断すること」が示されています（p.14参照）。小5と小6で「統計的な問題解決の方法を知ること」を学んできた生徒に対して，中1の学習を加味した統計的な問題解決を単元計画に盛り込むことが大切です。

2 第2学年（実践事例　p.88，94参照）

知識及び技能を身に付けることとして，「四分位範囲や箱ひげ図の必要性と意味を理解すること」「コンピュータなどの情報手段を用いるなどしてデータを整理し箱ひげ図で表すこと」が示されています。例えば，導入では，これまでに学習してきた平均値・中央値や範囲がほぼ同じ値である2つのデータを準備し，これらを比べてデータの散らばりの違いを考えさせる活動が考えられます。この活動では，小6で学習してきたドットプロットを使うと，平均値・中央値や範囲が同じであっても，データの散らばりの違いがあることに目が向き，**第1四分位数**や**第3四分位数**（p.129参照）に着目する必要性が生まれます。

なお，箱ひげ図は，かくことは比較的簡単ですが，読み取りはこれまで学習してきた棒グラフやヒストグラムの影響を受けて，「箱やひげが長い（短い）と度数が多い（少ない）」と考えてしまいがち（次ページ資料1参照）なので，このことを意識した指導が大切です。

また，かくことや読むことだけでなく，ヒストグラムと箱ひげ図の関連性やそれぞれのグラフで読み取りやすい点に触れて整理しておくとよいでしょう（次ページ資料2参照）。

資料1　箱ひげ図を読む力の評価問題例

次の箱ひげ図は，AチームとBチームの各選手のハンドボール投げの記録を表しています。2つのチームの人数は同じで，中央値も28m（各1人）で同じです。次の人はどちらのチームが多いでしょうか。理由も書きなさい。

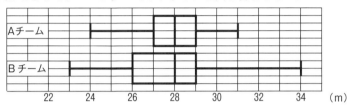

問1　28m以上の人数
問2　25m以下の人数

答え
問1　同じ。理由：2つのチームの人数は同じで，中央値も28m（各1人）で同じだから。
問2　どちらのチームが多いかは判断できない。理由：25mはどちらのチームも最小値と第1四分位数との間なので，25m以下の人数は定まらないから。

資料2　ヒストグラムと箱ひげ図の特徴と関連

ヒストグラム	箱ひげ図
・最頻値を読み取りやすい。 ・データが集まっている部分がわかる。	・中央値，範囲，四分位範囲を読み取りやすい。 ・複数のデータを比べやすい。

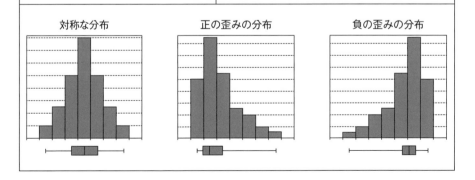

第1章　統計の授業づくりに向けて　025

思考力，判断力，表現力等を身に付けることとして，「四分位範囲や箱ひげ図を用いてデータの分布の傾向を比較して読み取り，批判的に考察し判断すること」が示されています（p.14参照）。例えば，少子化問題として出生率が下がっているかどうかについて考える場面では，合計特殊出生率のデータを収集して，コンピュータなどを利用して箱ひげ図を作成します（図11）。そして，分布の傾向を比較して読み取り，これを基に，「出生率は下がっているといえるかどうか」について考察して，「四分位範囲を表す箱は，2005年のときが最も左（小さい値）にあり，2015年は出生率が回復している」といった判断することが考えられます。さらに詳しく検討するために，2005年と2015年の度数分布多角形を作成したり，都道府県別や地域別に出生率の変化を調べたりすることができます。

図11　47都道府県の合計特殊出生率の分布

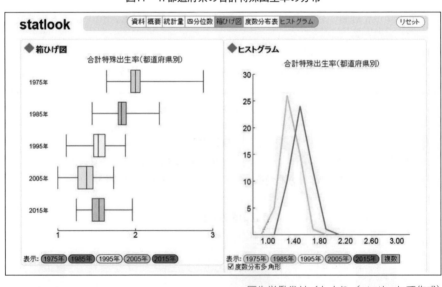

厚生労働省サイトより（statlookで作成）

3 第3学年（実践事例 p.100参照）

　知識及び技能を身に付けることとして，「**標本調査**の必要性と意味を理解すること」「コンピュータなどの情報手段を用いるなどして無作為に標本を取り出し，整理すること」が示されています。例えば，A社の缶詰工場における缶詰の内容量の検査では，缶詰の中身の検査を缶詰すべてに対して行うと製品にする缶詰がなくなるので**標本調査**を行います。Bテレビ局による選挙の出口調査では，開票が行われる前に報道をする必要があり，すべての投票所で投票した全員（**母集団**）に調査することは時間的・金銭的にも難しいために標本調査を行います。このように，標本調査の必要性と意味を理解するためには，全数調査を行うとどんな問題が起こるか生徒に考えさせることが大切です。また標本調査では，**標本**の大きさが大きい方が母集団の傾向を推定しやすくなることを理解することも大切です。例えば，資料3のように，札幌の各年の10月の「日平均気温の月平均値（℃）」について，各年の10月の観測データ（141個）を母集団として取り出すデータ数（標本の大きさ）を5と20として，気温の**標本平均**をそれぞれ10回求めます。これらの標本平均の分布のばらつきを箱ひげ図を用いて表すと，標本が大きい方がその範囲や四分位範囲が小さくなることを読み取ることができます（資料3）。

資料3　標本調査の精度を実感する

	年	10月
1	1877	11.3
2	1878	8.7
3	1879	7.4
4	1880	9.1
5	1881	8.4
6	1882	9.8
7	1883	10.3
8	1884	7.8
9	1885	10.3
10	1886	10.9
11	1887	10.6
137	2013	12.9
138	2014	11.3
139	2015	10.8
140	2016	10.6
141	2017	11.3
平均値		10.5
中央値		10.5

Aさん
① 5個の記録を無作為に取り出して，平均値を求める。
② ①を10回繰り返す。

1回目	10.64	6回目	10.28
2回目	11.14	7回目	10.06
3回目	11.02	8回目	9.74
4回目	10.72	9回目	9.94
5回目	10.12	10回目	10.76

Bさん
① 20個の記録を無作為に取り出して，平均値を求める。
② ①を10回繰り返す。

1回目	10.65	6回目	10.72
2回目	10.23	7回目	10.05
3回目	10.73	8回目	10.16
4回目	10.37	9回目	10.69
5回目	10.51	10回目	10.08

統計ソフト statsmpl で行ったシミュレーション結果

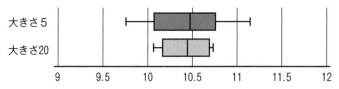

標本平均の分布（札幌の10月の平均気温）

思考力，判断力，表現力等を身に付けることとして，「標本調査の方法や結果を批判的に考察し表現すること」「簡単な場合について標本調査を行い，母集団の傾向を推定し判断すること」が示されています。標本調査の方法や結果を批判的に考察し表現することとして，例えば，メディアやインターネット等で公表されている標本調査について，「抽出方法は適切か」「導かれた結論は妥当か」等の指導が考えられます（資料4参照）。

資料4　調査結果を含む記事を読むときの観点

　メディアにおける記事には調査結果に基づく多くの統計が含まれていることがある。このような記事を読むときに，次の論点を検討することは価値がある。

■その記事は母集団の標本についてか，それとも母集団そのものについてか。
■標本と母集団から引き出される結論の間には，どんな違いがあるのか。
■その標本は関係する母集団の代表なのか，それとも代表ではないのか。
■その標本は本質的に任意なのか。なぜこれは重要なのか。
■その記事は，標本の性質をうまく説明しているか。
■調査に対して，誰かが謝礼を支払っているか？これは，報告結果に対して重要なことか。

オーストラリアの中学校教科書より Macmillan Publishers Australia 社発行

　また，母集団の傾向を推定する例として，「私たちの中学校の生徒は，1日の電子機器を使ったゲームの時間がどれくらいなのだろうか」（問題）について調べる活動が考えられます。
①アンケート用紙を作成する（計画，p.31参照）
②標本となる生徒を抽出し，調査を実施する（データ）
③調査の結果を整理・考察する（分析）
④調査結果を基にして，全生徒のゲームの時間を予測して説明する（結論）
　このように，これまでに身に付けてきた統計的な問題解決の方法（p.16参照）を標本調査のときにも使えるようにするとともに，それぞれの段階で批判的思考が働くように支援ができるようにしたいものです。

3節　統計指導における教材研究の方法

1 データの集め方

他の領域（数と計算や図形）と異なり，データの活用領域の統計分野では，授業で扱う統計データが必要です。使用するデータは，指導目標，指導内容，

表9　統計データの観点（松元2009）

	日常生活	社会
アンケートや実験等をすることで資料（データセット）をつくる	A	D
既に存在している資料（データセット）を使う	B	C

児童・生徒の実態，他教科や学級活動，特別活動等で用いたデータを検討しながら考えることが大切です。例えば，児童・生徒たち自身で作成したデータカードやアンケートによって収集したデータ（表9のAやD）は，興味・関心は高まりますが，指導するグラフには適さないかもしれません。そのため，実データを使うよりも架空のデータを使った方がよい場合もあります。教科書の統計データは指導目標や指導内容につながるようになっているので，そのデータの意味や背景を解釈し理解することが重要です。

しかし，架空のデータばかりを使っていては，児童・生徒を授業に引き込む力が弱くなるので，教師は日常生活や社会に目を向けて実データを探すことが大切です（資料5参照）。

資料5　算数・数学と社会・文化のつながりに関する場面の分類

A　家庭生活（建物など）	G　社会科学（歴史など）	M　遊び（遊園地など）
B　学校生活（通学など）	H　技術（テレビなど）	N　数学史（数学者など）
C　社会生活（郵便など）	I　スポーツ（オリンピックなど）	O　国際理解（通貨など）
D　交通（道路など）	J　芸術（美術など）	P　環境（温暖化など）
E　産業（金属業など）	K　ゲーム（トランプなど）	Q　福祉・高齢化（ボランティアなど）
F　自然科学（地球など）	L　パズル（なぞなぞなど）	

長崎栄三編著（2001）『算数・数学と社会・文化のつながり』（明治図書）より

第1章　統計の授業づくりに向けて　029

2 データカードの活用

　授業で用いる統計データとして，児童・生徒たち自身でデータカードをつくって，統計データを集めることが考えられます。

　統計指導の先進国であるニュージーランドでは，小中高を通じて「データカード」が定番教材になっていて，様々な場面で児童生徒が活動的になる授業を展開しています（写真1・2）。

　1枚のデータカードには，例えば，1人の生徒の「性別」「年齢」「身長」「腕を伸ばした長さ」「通学方法」「通学時間」が記載されています（中高では，データのみが記載された小さいデータカードが用いられています）。なお，データカードを積み上げれば，棒グラフやヒストグラムがすぐできます。さらに，写真2のように，1セットのデータカードの枚数を増やして袋に入れれば，標本調査の授業にも利用できます。

　なお，単元の指導計画を考える際に，データカードの変数について検討しておく必要があります（性別・部活等の質的データか，通学時間・鞄の重さ等の量的データか，学校や児童生徒の実態に合っているか。図12参照）。個人データは生徒に興味・関心をもたせますが，個人情報でもあります。発想を変えて，例えば，47都道府県のデータ等を扱うといったことも考えられます。

写真1　データカード（小学校）

写真2　データカードを袋から抽出して標本調査に利用（高校）

図12　データカードの変数を検討

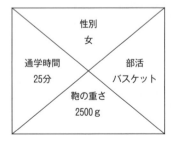

3 アンケート調査

　授業で用いる統計データとして，表9のAやDのように，アンケート調査を実施して統計データを集めることが考えられます。例えば，「今，クラスで流行っている遊び」というごく身近な調査であっても，その分析から今の子どもたちの遊びの実態を垣間見ることができます。アンケート調査の指導は，総合的な学習の時間や他教科などと連携して実施することも検討してみましょう。ここでは，アンケート調査を授業に取り入れるに当たって意識しておくべきことがらを述べていきます。

1 調査の計画を立てる

①問題意識の明確化

　調査を行うにあたって，問題意識を明確にすることが大切です。この意識が低いと適切なアンケート項目をつくることができません。例えば，「睡眠について調べたい」という意識だけでは，睡眠の何が問題なのかが不明瞭です。そこで，小集団などで現在の問題点を出し合い，例えば，「睡眠時間について調べたい」，さらには，「睡眠時間が足りているかどうかについて調べたい」というように一層明確にすることが大切です。

②調査目的の明確化

　問題意識が明確になった段階で，次の3つの調査目的のうち，どれにあたるかを確認します。

　　現象の記述（What）　例：睡眠時間が足りない人は何%ぐらいか。

　　原因の究明（Why）　例：睡眠時間が足りないのはなぜか。

　　問題の解決（How）　例：睡眠時間が足りない場合，どうすべきか。

③予想を立てる

　アンケート調査は，「仮説を立て，データを基に検証する」ことになりますが，小学生や中学生にとって「仮説」や「検証」の意味を捉えにくいことも考えられるので，児童・生徒の実態に応じて「予想を立て，データを基に確かめる」とし，調査の前に結果を予想しておきます。

第1章　統計の授業づくりに向けて　031

④回答者の検討

　アンケート調査の回答者（対象者）を決める必要があります。睡眠時間の例では，基本的な属性を確認しておく必要があります。現象の記述（What）で「男女の違いがあるか」「運動部・文化部・部活なしで違いがあるか」があがっていれば，これを検証するために「性別」「部活」などの属性（フェイスシート）をアンケート用紙に記載しておきます。

2　質問のつくり方

①回答のつくり方

　質問の回答のつくり方には，回答者に選択肢から選んでもらう方法（プリコード回答法）と回答者に自由に答えてもらう方法（自由回答法）があります。プリコード回答法は回答しやすくデータを集計しやすいです。その一方，回答者から得られる情報は選択肢の範囲内に限定されます。自由回答法は，回答者から予想しなかった有益な情報を得られることがあります。その一方で，回答者が質問の意味を取り違えたり，回答しにくく無回答が増えたりしますし，回収されたデータを分類する（コーディングする）のが大変な作業になります。プリコード回答法は，単数回答法，複数回答法，順位回答法があります。単数回答法のうち，回答選択肢が「非常にそう思う，そう思う，どちらともいえない，そう思わない，まったくそう思わない」のように段階的に並んだ中から選択する段階評価では，３段階・５段階・７段階のように段階の区切りを変えたり，「どちらともいえない」を選択肢から外したりすることも考えられます。

②質問文のつくり方

　質問文をつくる際には，回答者が不愉快な思いや戸惑うことがないように，以下のポイントに注意して質問文の言葉や言い回しを考えることが必要です。

ポイント１　１つの質問で１つのことを聞く

ポイント２　答えられないことを聞かない

ポイント３　特定の回答に誘導しない

3 アンケート用紙の作成・印刷

　調査の実施方法には，面接法，電話法，郵送法，ウェブ法などの方法がありますが，学校教育の中で児童・生徒が作成した調査問題を実施する場合は時間や費用，生徒指導上などの制約があるので，アンケート用紙を作成・印刷し，学校内や学校外の調査対象者に依頼することが現実的です（資料6参照）。

資料6　アンケート用紙の例

○○中学校　睡眠時間　実態調査

調査名・調査実施者を記載する。

1年2組3班　代表　○○○○

　生活の改善を提案するために，本校の「睡眠時間」を調べています。調査へのご協力をよろしくお願いいたします。

調査の目的や意義，協力依頼などを書く。

質問1　就寝時刻（布団に入った時刻）と起床時刻（布団から出た時刻）を記入してください。

　　　　※この1週間の平均した時刻で10分刻み

　　　　例：就寝時刻　10時30分，起床時刻7時10分

・学校のある日　　就寝時刻＿＿＿＿時＿＿＿＿分，起床時刻＿＿＿＿時＿＿＿＿分

・学校が休みの日　就寝時刻＿＿＿＿時＿＿＿＿分，起床時刻＿＿＿＿時＿＿＿＿分

質問2　　睡眠時間は足りていますか。

選択肢は集計しやすいように番号にする。

　1．非常にそう思う　　2．そう思う　　3．そう思わない　　4．全くそう思わない

あなたについてお尋ねします。（それぞれ○を1つ）

　　　あなたの学年は　　1．1年　　2．2年　　3．3年

　　　あなたの性別は　　1．男　　2．女

　　　あなたの部活動は　1．運動部　2．文化部　3．所属していない

フェイスシート（個人の属性）を記載する。最初においてもよい。

　　　　　　　　　　　ご協力をありがとうございました。

第1章　統計の授業づくりに向けて　033

4節　統計指導における ICT の活用

1 ICT の有効な活用のあり方

　学習指導要領解説では，必要に応じてコンピュータなどを積極的に利用することを求めています。コンピュータのある部屋だけではなく，普通教室で児童・生徒がタブレットを使ったり，教師がパソコン画面を大型モニターや黒板に投影したりしながら授業を展開すること（写真３）も視野に入れます。

写真３　普通教室での ICT 利用

　特に，ひと通りの指導が終わり，実データや大量のデータを授業で使う場面では，ICT（情報通信技術）の活用を検討します。なお，統計ソフトウエア（以下，統計ソフト）は便利な反面，表やグラフにする過程（プロセス）がブラックボックスです。単元の前半の指導では紙と鉛筆で表や図をかく技能や読み取る力を高め，知識・理解を深めることが大切なので，ICT の使用とのバランスを考えます。

　統計ソフトなどを用いると，目的に応じて適切にグラフの種類や表現を変えることが簡単にできます。児童・生徒には，解決したい問題に対する結論や主張がより明確な活用になるように（無目的にならないように）促すことが大切です。また，統計ソフトでつくった表や図などを適宜プリントアウトし，ノートに貼るなどして，活動や思考の履歴が残るようにすることも重要です。

2 表計算の活用

多くのパソコンは，表計算ソフトが利用できると思います。web 上には
フリーソフトの表計算ソフト（例えば，「オープンオフィス」http://ja.
openoffice.org/ 参照）もあります。ここでは，表計算ソフトの代表格で
あるエクセル（Excel2013）を使った場合の操作方法を述べます。

1 関数機能

表計算ソフトには様々な関数が用意されているので上手に活用したいです。

関数の例

SUM　数値の総和を求める　　　AVERAGE　平均値を求める

RANK　数値の順位を求める　　MEDIAN　中央値を求める

MODE　最頻値を求める　　　　ROUND　　四捨五入する

QUARTILE　四分位数を求める　FREQUENCY　度数分布表をつくる

RANDBETWEEN　乱数を発生させる

VAR.P　データセットを母集団全体とみなして分散を求める

STDEV.P　データセットを母集団全体とみなして標準偏差を求める

CORREL　相関係数を求める

なお，関数「MODE」は，もとのデータの値において最も現れる回数の
多い値を求めることになります。また，関数「QUARTILE」は，p.129や教
科書とは異なる方法で求めるので違う値が出ることもありますが，考え方は
同じで，3つの四分位数はデータ数を下からほぼ25%ずつに区切る値です。

2 Web クエリ

Web 上には様々な統計データがあります。エクセルなどの表計算形式の
場合はデータをそのまま利用することができますが，サイトにデータが埋め
込まれている場合はデータをコピー&ペーストしたときに列が崩れることが
あります。そこで，「Web クエリ」という機能を使うと，データを簡単か
つ列を崩さずに取り込むことができます。

第1章　統計の授業づくりに向けて　035

3 つくってみよう統計グラフ

https://www.stat.go.jp/naruhodo/c1make.html

　総務省統計局の「なるほど統計学園」のサイト内にあり，エクセルにプログラム（マクロ機能）を組んだファイルをダウンロードして使うことができます。データを入力して，棒グラフ・折れ線グラフ・円グラフをつくることができます。2変数を入力しておけば，小4に位置づけられた「複合グラフ」のうち，棒グラフと折れ線グラフを同時に示すことができます。

4 エクセルでヒストグラムや度数分布多角形をつくるときの留意点

　エクセル上で度数分布表をつくり，その表からヒストグラムをつくると，棒と棒の間が空いてしまいます。ヒストグラムは面積（密度）に意味があるので（p.119参照），棒の間の隙間をなくす作業が必要です。また，度数分布表から度数分布多角形をつくると折れ線と横軸がつながりません。度数分布多角形も面積（密度）が大切なので，前後の階級を新たにつくって度数を0として度数分布多角形をつくる作業が必要です。

3 統計グラフ作成ソフト（フリーソフト）の活用

1 SimpleHist

http://www.cc.miyazaki-u.ac.jp/yfujii/histgram/

　宮崎大学の藤井良宜先生が開発したヒストグラム作成ソフトで，ダウンロードして使うことができます。代表値，度数分布表（相対度数がオプション），ヒストグラム・度数分布多角形を作成します。また，「代表値付き」をクリックすると，ヒストグラムや度数分布多角形上に代表値の位置を示します。単機能（Simple）なので，単元の前半で利用することが考えられます。「グラフのコピー」をクリックすると，グラフをワードファイルなどに貼り込むことができます。

2 stathist

https://wwp.shizuoka.ac.jp/matsugen/

　筆者らのグループが開発したヒストグラム作成ソフトです（p.72参照）。ダウンロードせずに web 上（ブラウザ上）で操作できること，ドットプロットを表示できること，階級の幅をリアルタイムで可変できること，複数のグラフを重ねて表示できること，グラフだけでなく元データ・度数分布表など必要なものを印刷できること，などが特徴です。複数のデータセットを同時に度数分布表やヒストグラム・度数分布多角形に表すことができるので，単元の後半の活用の場面で利用することが考えられます。必要なものを印刷できるので，生徒のノートに貼り，活動を振り返ることができます。

3 3-histograms

http://www.auemath.aichi-edu.ac.jp/teacher/iijima/data_analysis/3-histograms.htm

　愛知教育大学の飯島康之先生が開発したヒストグラム作成ソフトです。ダウンロードせずに web 上（ブラウザ上）で操作できること，iPad や Android でも動くこと（スマートフォン・タブレットで使える），「同一のデータについて，3つの異なる階級によるヒストグラム」や「3つの集団についてのデータをもとに，同一の階級によるヒストグラム」について比較ができること，などが特徴です。

4 SimpleBox

http://www.cc.miyazaki-u.ac.jp/yfujii/boxplot/

　宮崎大学の藤井良宜先生が開発した箱ひげ図作成ソフトで，ダウンロードして使うことができます。データを Excel の csv 形式で準備しておき，ファイルを選択してデータを取り込む方法を採用しています。層別に並行箱ひげ図を表示することができます。

第1章　統計の授業づくりに向けて　037

5 statbox

https://wwp.shizuoka.ac.jp/matsugen/

筆者らのグループが開発した箱ひげ図作成ソフトです（p.97参照）。ダウンロードせずに web 上で操作できること，昇べき（降べき）の順にデータを並び替えて5数要約の値を調べることができること，複数のグラフを重ねて表示できること，分析に必要な箱ひげ図のみを表示すること，などが特徴です。

6 statlook

https://wwp.shizuoka.ac.jp/matsugen/

筆者らのグループが開発したヒストグラム・箱ひげ図作成統合ソフトです（p.26参照）。ダウンロードせずに web 上（ブラウザ上）で操作できること，iPad や Android でも動くこと（スマートフォン・タブレットで使える），データとグラフ，ヒストグラムや箱ひげ図といった複数の要素を，画面の大きさに応じて比較表示できること，外れ値と判断したデータは画面上でそのデータを簡単に外せること，度数分布表の最も小さい階級の設定を誤り階級に入らないデータが出たときにアラートの表示が出ること，などが特徴です。

7 statsmpl

https://wwp.shizuoka.ac.jp/matsugen/

筆者らのグループが開発した標本調査シミュレーションソフトです。ダウンロードせずに web 上で操作できること，標本の大きさ・実験回数を自由に設定できること，標本平均の分布がドットプロットで視覚的に見えること，などが特徴です。母集団のデータがあり，母集団から標本を取り出す場合（標本調査の意味を理解する場合）と，母集団のデータがなく，母集団から標本を取り出す場合（学習指導要領解説で示されている辞書の総単語数を推定するような場合）の両方の活動ができます。

（松元新一郎）

第2章 データの活用の授業実践例

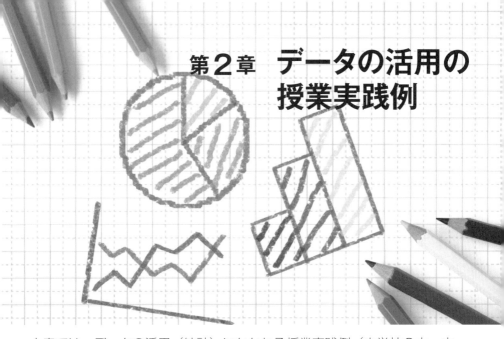

　本章では，データの活用（統計）にかかわる授業実践例（小学校6本，中学校5本）を紹介するとともに，指導のポイントをまとめます。

学年	位置づけ	実践例
小1	習得	絵グラフを使ったかずしらべ
小2	習得・活用	データカードを使った資料の再整理と読み
小3	活用	複数の棒グラフを結び付けた推論
小4	活用	適切なグラフを使った資料の考察
小5	活用	データに対する多面的・批判的な考察
小6	習得・活用	代表値を使った多面的な読み取り
中1	習得	相対度数や累積度数の必要性と意味
中1	活用	データを根拠にした多面的・批判的な考察
中2	習得	ドットプロットを用いた箱ひげ図の導入
中2	活用	複数の箱ひげ図を用いた批判的な考察
中3	活用	箱ひげ図を用いた母集団の推定

小学1年	習得	絵グラフをつかったかずしらべ

どんぐりの数を調べて
特徴を捉えよう

1 本実践のねらい

　1年生の段階から，データの活用領域の素地指導を行っていくことにより，中学校，高校へとつながっていくこととなります。その初期段階において，ものの個数を数えるという活動を通して，つくってみたグラフの特徴を捉えたり，数の大小を読み取ったりすることができます。グラフ作成における基礎的・基本的な内容についても学習できることをねらいとしています。

2 指導計画と教材の概要

1 指導計画（全2時間）

時	授業のねらい	学習活動
1～2本時	・ものの個数について，簡単な絵グラフに表すことができる。 ・簡単な絵グラフに表したものについて，読み取ったりその特徴を捉えたりすることができる。	・公園で拾ってきたどんぐりやどんぐりを使ったおもちゃを見て，気付いたことを発表する。 ・1つの公園で拾ったどんぐりを種類別にして絵グラフをつくる。 ・絵グラフをつくるときの表し方の工夫を知る。 ・つくった絵グラフを見て，気付いたことを発表する。 ・他の公園で拾ったどんぐりの絵グラフを見て，比較をする。 ・グラフの特徴から，目的に合った公園を選ぶ。

040

2 教材の概要

　低学年段階におけるデータの活用領域では，どのような教材を用いて学習に取り組むのかが大切になってきます。児童が興味・関心をもって「数えてみたい」「並べてみたい」と思えるような教材を用いることで，より学習に向かう姿勢をもたせることができます。これまでの生活や遊びの中で，さまざまなものの個数を数えたり，比べたりすることを体験してきています。このような生活経験で得た「数学的な見方・考え方」を働かせて身の回りの事象について関心をもち，その個数に着目して簡単な絵グラフなどに表したり読み取ったりすることでその特徴を捉えていきます。

　本教材は，児童の身近にあるどんぐりを用いることで興味・関心を引き出していきます。しかし，低学年段階においてもデータの活用に目的をもって並べ替えたり読み取ったり活用したりできるようにするため，生活科との関連を意識しどんぐりを使ったおもちゃづくりを目的にします。どんぐりは種類によって大きさが異なるので，その特徴を生かしたおもちゃづくりのために，どの公園に行ってどんぐりを拾うのが一番よいのかという目的達成のために，拾ってきたどんぐりを数えるという学習を展開していきます。また，そのどんぐりの大きさが異なるという点を生かして，絵グラフを作成するときに大切な『同じ大きさにそろえたほうが数えやすい』という視点に気付いていけるようにします。そのために，実際のどんぐりの大きさに合わせたどんぐりのカードを使い，授業の数学的活動に生かしながらグラフ作成における基礎的・基本的な内容についても身に付けられるようにしていきます。

図1　どんぐりの絵カード（左から，クヌギ，マテバシイ，コナラ）

3 授業の実際（第1～2時）

1 課題を把握して，学習活動を知る

　授業の導入では，どんぐりを使ったおもちゃを見せます。おもちゃはその形状によってうまく遊ぶことができるどんぐりが異なります。例えばマラカスのようなおもちゃであれば，小さいどんぐりの方がよい音が出やすくなります。そのようなおもちゃをいくつか見せることで，自分がどんなおもちゃをつくりたいかという意欲をもたせます。そして，公園でどんぐり拾いをしたことがある経験を引き出し，教師が拾ってきたという袋に入っているどんぐりを見せます。袋に入ったままでは，どんぐりの種類や数が正確にはわかりません（入っているどんぐりは，クヌギが4つ，マテバシイが5つ，コナラが4つ）。そこで「袋から出して数えたい。並べたい」という児童の発言から，袋に入っているどんぐりを並べてみようという学習課題をもたせます。

2 自力解決，どんぐりを実際に並べてみる

　ここから児童の活動に入りますが，前述した【図1】のようなカードを用いることで，どのどんぐりがいくつずつあるのかについて並べる活動を行います。これまでの経験から種類ごとに並べることは考えつきますが，その並べ方に多様性が見られます。

①種類ごとに分けている（写真1）

写真1　種類ごと

　この並べ方は絵グラフのようにはなっていません。どんぐりの種類ごとに比べるというところまで考えてはいませんが，どんなどんぐりがいくつずつあるかについて調べています。

②1対1対応のように並べている（写真2）

写真2　1対1対応

　こちらはどんぐりの種類ごとに比べようという意識が見られます。また，1学年の最初のころにどちらが多いかを比べるときに1対1をすれば多い方がわかる

という既習事項を想起して考えたものです。また，この並べ方を見た児童からは，「ペアをつくった」「バディにした」（水泳の学習からの想起）などの発言が見られました。

　それぞれのどんぐりのカードの大きさが異なるので，そのまま並べても見た目だけでは判断ができません。そこで，実際に並べてみて気付いたことなどについて発表させていきます。その中で，「はしをそろえて並べることが大切だ」「どんぐりのカードを同じ大きさのものに置き換えて並べれば，見た目でどれが多いかわかりやすくなる」などの発言を引き出し，絵グラフをつくるときに大切な基本的事項を押さえていきます。また，同じ大きさにすればよいということについては，これまでの既習事項で活用したことのあるおはじきやブロックを活用すればよいですが，児童の発言から出てこなかったので，こちらから提示しました。第１学年で本実践を行うに当たっては，発達段階に応じた数範囲での学習が求められます。本時のようなどんぐりの数では，置き換えなくてもさほど難しい数値ではなかったからだと思います。

　このあと，他の公園で拾ってきたどんぐりについても並べ替えをして，種類ごとに分かれている絵グラフを作成していきます（写真３）。

写真３　他の公園のどんぐりの絵グラフ
（左からコナラ，マテバシイ，クヌギ）

　こちらは，極端に数値が異なるものになっています。ここでの活動については，最初の活動と同様に児童に並べさせてもよいですし，このあとの活動に時間をとるために，全体での確認で並べ替えをしていってもよいと思います。このときには，どんぐりの絵カードではなく，おはじきを用いることで，絵グラフをつくるときの基本的なことについて身に付けられるようにします。

3　公園ごとのどんぐりの数を比較し，目的に合った場所を選ぶ

　絵グラフをつくるときには，基本的事項である「はしをそろえて並べてい

第２章　データの活用の授業実践例　043

る」「同じ大きさのものでそろえている」という点について再度確認していきます。学習の中で大切なことを板書に残し，授業の途中で何回か確認していくことで，大切なことについてたびたび振り返り，児童に大切な考え方であることを身に付けさせていきます。

　できた３つの絵グラフを比較し，導入で見せたおもちゃづくりをするためにどこの公園へ行くのが一番効率がよいかという検討をしていきます。最初の公園はすべてのどんぐりが同じくらい採れる，２番目３番目の公園は，クヌギやコナラが特にたくさん採れるということに気付き，おもちゃづくりをするためにそれぞれの特徴を捉え，「どのどんぐりがどこでたくさん採れるのか」「この公園へ行けば自分のつくりたいおもちゃが効率よくつくれそうだ」という目的を達成できるようにしていきます。並べ替えることにより数の大小が比較しやすくなったり，種類ごとの数がわかったりすることについても振り返らせ，グラフ化のよさに気が付けるようにしました。

4 考察

　データの活用領域における素地的な活動として，低学年の児童が興味をもって学習に取り組めるものを扱うことが大切であると思います。ただ数える，並べるということだけでなく，目的をもって並べるということも大事です。本実践では，どんぐりのカードを数学的活動に用いたので，カード並べをしているという中に算数的な価値を見いだした活動ができました。扱うどんぐりをいくつにするかということに気を付けなければ，どんぐりを数えることに視点がいってしまい，比較するという視点を忘れてしまいがちです。どのような発問を投げかけ，児童に考えさせていけるかという流れをつくるために３つの公園でどんぐりを拾ったという場面を提示しました。導入のおもちゃづくりについても，おもちゃをつくるということだけに気がいってしまわないように注意し，絵グラフをつくるときの大切な視点（はしをそろえて並べる，同じ大きさのもので並べる）を確実に身に付けられるような指導を行うことができました。

（山田　篤）

044

指導のポイント

ポイント1 他教科や他領域との連携

生活科の「どんぐりを使ったおもちゃづくり」と関連付けた実践であり，拾ったどんぐりを考察や分析の対象とする必要性（調べてみたい，どんなことがわかるかな）に迫っています。このように，「データの活用」領域は他教科で学ぶ内容との接続がしやすいです（小2の実践も参照）。

また，授業者も触れているように，本実践で扱っているどんぐりは大きさの大小があるため，どんぐりカードを基にして絵グラフにしたときに，同じ高さでも数量（度数）が異なります。「数と計算」領域で学習してきた1対1対応の関係を意識化させる手立てが非常に重要です。さらに，「端を揃えて並べること」の重要性は，「測定」領域における長さや広さなどの直接比較で学ぶ内容です。なお，抽象化されたおはじきでは，どれがどのどんぐりかがわからなくなる児童が出てくる可能性もあります。このことに留意して，大きさがそろったどんぐりカードを準備しておき，児童の実態に応じて配付することも考えられます。

ポイント2 グラフをつくり出す活動の大切さ

本実践では，袋に入っている様々などんぐりを「数えたい，調べたい」という発言を基にして，どんぐりカードを種類ごとに並べる活動をしています。このように，どの学年でも，教師から「このように並べる」のではなく，児童が主体になってどんぐりの数量やその違いを視覚化するように，統計グラフを創り出す活動を大事にしたいところです。

ポイント3 小1ならではの「統計的な問題解決」を組み立てる

本単元は「どんぐりを使ったおもちゃづくり」をするためにはどの公園に行けばよいかという目的（問題）を解決する活動になっています。PPDACサイクル（p.13参照）に沿いつつ，データやおはじきを教師が準備するなどの支援があります。小1の児童が3つの絵グラフを見ながら「私なら○○公園に行く。だって～」と発言できるように，絵グラフを根拠にして意思決定した過程を説明できるしかけをつくることが大切です。　　　　（柗元新一郎）

第2章　データの活用の授業実践例　045

| 小学2年 | 習得・活用 | データカードを使った資料の再整理と読み |

育てたい野菜を
決めよう

1 本実践のねらい

　「数学的な見方・考え方」は，当該学年の学習により数学的に考える資質・能力とともに成長していくものです。第2学年では，第1学年で培った「データを分類整理すること」「データの特徴を読み取ること」といった見方・考え方を働かせ，さらに豊かにしていくことが必要です。本実践では，データカードを用いて野菜の特徴を捉える活動を通して，「調べたい観点を変更しながら分類整理すること」や「得られた結果を基に判断すること」を経験させ，見方・考え方を豊かにすることをねらいとします。

2 指導計画と教材の概要

1 指導計画（全3時間）

時	授業のねらい	学習活動
0	・本単元での統計的探究プロセスの目的を見いだす。	・育てる夏野菜の品種を決める必要性や意欲をもつ（生活科での時間）。
1〜2	・身の回りにある数量を分類整理して，グラフや一次元表に表したり，それらを読み取ったりすることができる。	・生活科で育てる野菜を決めるために，黒板に張られた野菜カード（級友からの調査結果）の枚数を基に，簡単なグラフや一次元表を作成し，育てる野菜を決定する。
3	・目的に合わせてデータを分類整理し，得られた結果から判断することができる。	・前時までで決めたいくつかの野菜について，データカードを用いて観点を変えながら分類整理を行い，自分の育てたい野菜を判断する。

2 教材の概要

　第2学年では，生活科の学習として野菜の栽培に取り組むことが多くあります。その際には，複数の候補から育てたい野菜を自分で選び育てることで対象への愛着や責任感をもたせる指導が行われます。この「育てたい野菜を自分で選ぶ」という過程を算数科で取り上げ，2年生の「データの活用」領域の指導を行うことは複数の教科書で用いられている手法です。ここではさらに，それぞれの野菜について収穫できる時期や個数などを記載したデータカードを用いる時間を設定しました。

データカード②（データカード①は後述）

やさいの　名前 さいしょに　やさいが　とれた　日 とれた　かず うえた　つち

　上記のカードに書かれている情報は，「前年の2年生が育てた際の結果」として児童に示しました。本事例では，昨年度の2年生の観察カードや図鑑を基にカードを自作しましたが，実際に「来年の2年生のために」という理由で児童に作成してもらったうえで，調整したものを次年度に用いる方がよいかもしれません。

3 授業の実際（3時間で実施）

1 生活科での活動から本単元のめあてをつくる（第0時）

　本実践の導入（第0時）として生活科での学習について簡単に触れておきます。生活科「ぐんぐん　そだて」の導入時に，朝顔の栽培の経験から「野

菜を育てたい」という発言を引き出しました。苗の用意ができる夏野菜の中で，どれを育てるかを話し合いました。その際に，児童から出された「早くとれる」「たくさんとれる」「花がきれい」といった野菜選びの観点を明示，記録しておきました。「どんな野菜を育てたいか，一人ひとりに聞いてみよう」という発言をクラスで共有したところで，データカード①を配付し，個々の希望を記入しました。児童がカードを記入し，教師が回収して生活科での時間（第０時）が終了しました。

データカード①

```
    ねん    くみ    なまえ


そだてたい　やさい            りゅう            やさいの　え
```

2 統計的探究プロセスを用いて解決し，さらに探究する（第１～２時）

第１時では，第０時で児童が作成したカードを黒板に順不同で１枚ずつ掲示していきました。「トマトだ！」「私のカードだ！」といった児童の反応は自然と「またオクラだ！」「トマトの人が多いよ！」といったデータの個数に着目した反応になっていきました。「一番多かったのはトマトです」「ナスだよ」といった意見の対立が起こるころには，「同じ種類で集めよう」「１年生で勉強したように，カードを重ねてみよう」といった分類整理の考えが提案されたので，板書上でカードを整理しました。教師の「この結果を，他のクラスの人にも見せてあげたいのだけれど，黒板に残しておくわけにはいかない。どうしよう」という発問によって，「他の媒体（ここではノート）へ

の記録の仕方を考える」というめあてが生まれ、「○を用いた簡単なグラフ（以下「○グラフ」）」や「一次元表」といった解決方法が児童より提示されました。第１学年での学びが生かされ、クラスで一番人気のある野菜がわかったことを児童の発言からまとめ、学習感想を書いたところで第１時は終了しました。

　第２時は、「○グラフ」と「一次元表」を実物提示装置で提示し、「どのようなことがわかるか」という自力解決の時間を経て「（○グラフだと）何がどれくらい多いか見た目でわかる」「（表は）ノートをたくさん使わなくてよい」といった意見を共有しました。その際には「グラフや表にしたことのよさ（と、読み取れたこと）」と「グラフや表のそれぞれのよさ」を区別しながら板書を行いました。上記の区別は、児童自身が行えることが望ましいのですが、第２学年という発達段階では難しいため、教師主導で行いました。まとめを行った段階で、「得票が一番多かったのはトマトでした。トマトを選んだ人はなぜ選んだのかな？」と聞いたところ、「おいしいから」という答えの後に、「たくさんとれそう」「はやくとれそう」といった発言が続き、それらの発言に対して「本当に？」「他の野菜もたくさんとれるよ」という意見が出されました。授業の終了際に再び活気づく教室内で、「先生、野菜がとれるまでの時間やとれる個数も教えてください。比べたいです」という発言に多くの児童がうなずいたところで第２時が終了しました。

3 データカードの分類整理と読み取りを行い、判断する（第３時）

　第３時の導入では、「去年の２年生の記録」として、「野菜の名前」「最初に収穫できた日」「とれた個数」「使った土（腐葉土か、校舎裏の土か）」といった複数の情報が載っているデータカード②（４種類の野菜で20枚ずつを５班分）を提示しました。第０時に記録しておいた「はやくとれる」「たくさんとれる」といった観点を提示して、「くらべるものをかえてしらべよう」というめあてのもとで、分類整理を行いました（４人班で、１人１種ずつ野菜を分担し、20枚のカードを縮小して１枚に収めたプリントを配布していま

第２章　データの活用の授業実践例　049

す）。自力解決では，あえて長めの時間を確保することで，収穫までの日数ととれた個数の両方の観点で整理し直す活動を行わせることができました。授業の終盤では，「トマトは◇月△日に最初の1個が取れます。一番多くとれる日は□月●日でした」「トマトでは，とれる個数は☆個の人が一番多かったです」と，それぞれの種類ごとにわかったことを発表しました。まとめでは双方の観点でつくられた「○グラフ」同士を提示し，「比べるものを変えるとグラフの形が変わる。⇒読み取れることが変わること」を児童が見いだすことができました。まとめ後には，学習感想として「自分が育てたい野菜とその理由」を書くことで，それぞれの児童が「たくさんとれる野菜がいいから，ミニトマトにしました」といったように，統計データから読み取れたことを基に育てる野菜を判断する機会を設けました。

4 考察

『学習指導要領解説　算数編』（p.68）で触れられている通り，低学年でのデータの活用領域では，身近な題材に注目し，関係するデータを整理しながらデータの特徴を捉えることを中心に学習を行うことが大切です。本実践では，これまでの指導でよく取り扱われてきた「生活科で育てる野菜の選定」に「観点を変えた再分類，再整理」を取り入れました。データカードを学習材として取り入れることにより，その際の児童の活動や思考がスムーズになったと言えます。また，「項目を変えて再整理することによって，異なる結果が得られたこと」「異なった結果を踏まえて（自分がどんな野菜を育てるかを）判断すること」といった経験は，数学的な見方・考え方を豊かにするうえでも効果的に働くのではないかと思います。第3時では，児童の発達段階や学習内容に合わせて，「野菜の品種を分担し，学習活動を進める」という協働的な取り組みを行いましたが，カードの配布の仕方（複数の野菜のデータカードを同じ枚数ずつ与える，など）によっては，第4学年での二次元表など，さらに上の学年での活動にも用いることができると考えられます。

（折田　和宙）

指導のポイント

ポイント1　データカードの活用

　本実践では p.30でも紹介しているデータカードが２種類使われています。データカード①では，児童一人ひとりの願い（育てたい野菜）やその理由などが記載されています。このデータカードは自分たちのデータであることから，育てたい野菜はどれか，数の多い野菜はどれか，と意欲が高まるしかけをつくり出しています。さらに，変数の数が少ないので，〇グラフや１次元表の習得に向かうことも容易です。一方，２つ目のデータカード②は，昨年の２年生の記録（変数が４つ）です。小２の児童にとって多変数を分析することは経験が少ないので，手立てとしてグループごとに１つの野菜を担当し，収穫までの日数ととれた個数で整理したうえでわかったことを発表する活動を行っています。このように，最初のデータカードの活動（習得）が後半の活動（活用）のひな形（基盤）になっています。さらに，過去のデータを基に未来を予測する（自分たちは何を育てたいか）活動にもなっています。

　なお，後半の変数のうち，「とれた個数」は量的データであり，児童の「トマトでは，とれる個数は☆個の人が一番多かったです」という発言は，小６で学習する最頻値の考えです。このように，授業者は児童の発話が統計の指標の何に当たるかを理解し，児童に価値づけて返したいものです。

ポイント2　学習感想の活用

　本実践では，グループで担当した観点で分析したことを発表しています。一般的に，班ごとに割り当てを決めて発表する活動は，発表を聞く側が受け身になりがちであり，この状態で「どう思いますか」といった学習感想を書かせると「あの班の発表が参考になった」などの浅い記述になりがちです。そこで，本実践では，「自分が育てたい野菜とその理由」を書くことを学習感想としています。発表を聞いたうえで，再度データや〇グラフを読みにいく仕掛けをつくり，育てたい野菜とその理由を書かせています。このことは，根拠（エビデンス）を基に判断することが大切である，という人づくりをしていると言えます。

（松元新一郎）

| 小学3年 | 活用 | 複数の棒グラフを結び付けた推論 |

3年2組の
けがを減らそう

1 本実践のねらい

「データの活用」領域の授業では，グラフを読んだりかいたりするだけではなく，何のためにデータを集めグラフに表すのか，そのグラフをどのように読み取り生かしていくのかが重要であると考えます。本実践では「けが調べ」を題材に，複数の棒グラフを結び付けて推論することをねらいとします。

2 指導計画と教材の概要

1 指導計画（全9時間）

時	授業のねらい	学習活動
1	・資料を1次元表に整理することができる。	・落ちや重なりがないように好きなスポーツ調べを表に整理する。
2 ～ 3	・棒グラフを読むことができる。 ・横向きや1目盛りの大きさが1ではない棒グラフの読み方を考えることができる。	・好きなスポーツ調べの棒グラフから読み取れることを考える。 ・いろいろな棒グラフの読み方や伝えたいことは何かを考える。
4 ～ 6 本時	・アンケート結果を基に棒グラフをかくことができる。 ・複数の棒グラフを結び付けて推論することができる。	・けがに関するアンケートをとり，棒グラフに表す。 ・棒グラフから読み取れることをまとめる。 ・けがに関する複数の棒グラフを結び付けながらクラスの現状を考える。
7	・資料を2次元表に整理することができる。	・学年のけがの様子をわかりやすくする方法を考える。
8	・複数の棒グラフを組み合わせたグラフを読み取ることができる。	・学年のけがの様子を工夫して棒グラフに表す。
9	・表と棒グラフの復習をすることができる。	・確認問題に取り組む。

2 教材の概要

　第3時までに，表への整理の仕方や棒グラフの基本的な読み方の学習を行いました。好きなスポーツ調べや学校での好きな遊び調べ，好きな動物調べといった児童の実際のデータを用いることで，関心を高められるようにしました。また，棒グラフを読み取る際に「なんで多いのかな？」と疑問を投げかけ，他の棒グラフを意図的に提示することで，棒グラフのつながりを意識化できるように工夫しました（例えば，写真1）。

写真1　第2時板書

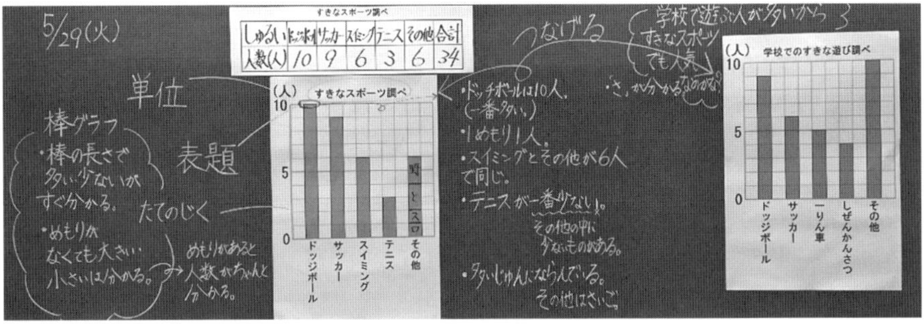

　本時（第4～6時）では，多くの教科書に掲載されている「けが調べ」を題材としました。けが調べを行う目的を明確にして，棒グラフをかいたり読み取ったりすることができるようにしていきました。

3 授業の実際（第4～6時）

1 問題を把握し，データを集める観点を決める

　第4時では養護教諭に協力してもらい，「保健室ではけがの記録を付けています。けがの傾向を知って，けがを減らしていくためです。けがに注意して生活してください」という話をしていただきました（写真2）。この話から児童は生活を振り返りながら，「この前転んでけがをした」「昼休みにドッジボールをしていてけがをした」などという発言をしました。

写真2　養護教諭の話

このような現状を踏まえて「3年2組のけがを減らすためにはどうすればよいか」という問題を設定しました。

　児童に「何を調べればいいかな？」と問うといくつか意見が出ましたが，話し合った結果「どんなけがをしたか」「何をしているときにけがをしたか」「いつけがをしたか」「どこでけがをしたか」「どうやってけがをしたか」の5つの観点で調べていくことになりました。

　この後，観点ごとにグループを組み，できる範囲で項目を予想させ，次時のアンケートの準備をしました。例えば，「どんなけがをしたか」について調べるグループでは，擦り傷，切り傷，火傷，突き指があげられていました。

2 アンケートをとり，棒グラフに表す

　第5時では観点ごとのグループで協力して，クラスの友だちにアンケートをとりました。アンケートは「どこでけがをしたことがある？」「校庭と教室でけがをした」のように口頭で行いました。回答する数に制限は設けずに自分の生活を振り返って答えること，必ず全員に聞くことを助言しました。また児童から，落ちや重なりがないような工夫として「結果を正の字でメモすること」「座席表を使ってチェックすること」が出されたので，取り入れることとしました。アンケート終了後グループで集まり，結果の確認を行う際には，すべてのグループが表を用いてまとめ「○○は数が少ないからその他にしよう」と自分たちなりの基準を設けている様子が見られました。

　アンケート結果を棒グラフに表す活動では3種類のグラフ用紙を用意し，目的に合った用紙を選択できるようにしました。使うグラフ用紙は様々でしたが，すべてのグループが1目盛り1人で表していました。棒グラフはグループで1つかくのではなく，グループで同じものを1人ずつがかくようにすることで，棒グラフをかく練習になるようにしました。

　最後に，自分のかいた棒グラフからわかることをノートに書きました。

3 複数の棒グラフを結び付けて推論する

　第6時では，第5時でグループごとにかいた棒グラフを順番に提示し，どのような観点なのか，読み取れることは何なのかを共有していきました。棒グラフは黒板に掲示するだけではなくテレビ画面にも映し，全員が見やすいようにしました。また，子どもたちがデータに基づいて推論できるよう，棒グラフから読み取れることは吹き出しで板書しました。まず「どんなけがをしたか」についての棒グラフを提示すると「擦り傷が多い」「切り傷も多い」という発言が出ました。次に，「どこでけがをしたか」についての棒グラフでは，「校庭が圧倒的に多い」「校庭以外は15人以下」「教室もいる」という発言が出ました。ある児童が「教室で走っているのかも」と発言しましたが，これは実生活から考えられることであって，データに基づくものではないと考えられたため，ここでは深く取り上げませんでした。続いて「何をしていてけがをしたか」では，「おにごっこが一番多い」「2番目はドッジボール」という発言があり，「他に何かあるかな？」と問うと，ある児童が「おにごっこは校庭でやる。それで擦り傷をしたっていうようにつなげられる」と棒グラフを結び付けました。この発言を聞き，他の児童も納得した様子で，この後「いつけがをしたか」「どうやってけがをしたか」の棒グラフを提示すると次々に棒グラフを結び付けていきました（写真3）。

写真3　第6時板書

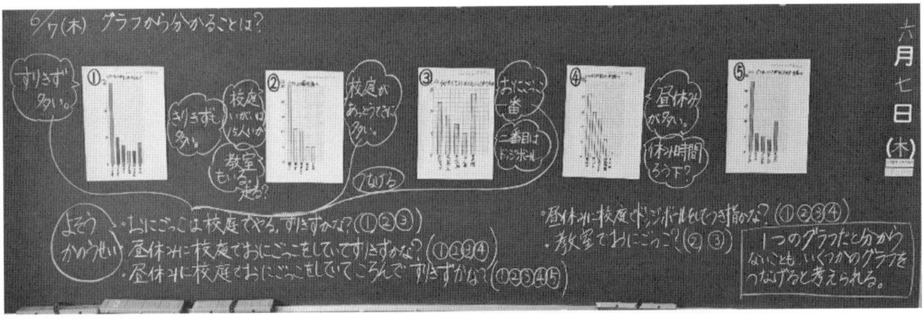

　今回はあくまで推論であり，確実なことは言えないことにも触れたいと考え，「みんなは絶対昼休みに校庭でおにごっこをしていて擦り傷をするんだ

ね？」と投げかけると，「これは予想」「可能性」という子どもたちなりの説明をすることができました。

5つのグラフが載っているワークシートを配布し，個人で考える時間もとりました。図1のワークシートを見ると「2位どうしだとなんかへん」という記述があり，高学年での批判的な考察につながるものも見られました。

図1　ワークシート

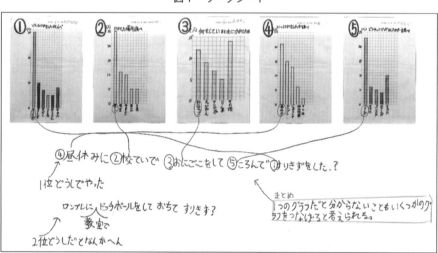

4 考察

本実践では，データに基づいた推論をさせたいと考え，吹き出しを使って板書することを取り入れました。ここで重要なのは，ただの言葉つなぎにならないようにすることです。そのためにも吹き出しだけではなく，棒グラフのここから読み取ったとわかるように，棒グラフの対応する部分を囲むようにすると，よりデータに基づいた読み取りが意識化されると考えます。また，何のために調べるのかを明確にしたことで，児童が問題を「自分事」として捉え，主体的に活動できました。そういった点からも，題材を何にするかはとても大切だと考えます。

（南　勇輔）

指導のポイント

ポイント1 「統計的な問題解決」の授業を組み立てるうえでの留意点

　本実践は，統計的な問題解決の方法（PPDACサイクル，p.13参照）に沿った活動を行っています。問題（Problem）では，養護教諭の協力の下，保健室でのけがの記録を付けることの意味を基にして，「3年2組のけがを減らすためにはどうすればよいか」という問題設定が自然と導かれるような授業設計や働きかけが行われています。すべてを児童に委ねると時間をかける割には問題設定がうまくいかないことが起こるので注意が必要です。計画（Plan）では，調べる変数を引き出したうえで（この5つは「現象の記述」。p.31参照），アンケートの方法（質的データの項目の設定）を検討させています。データ（Data）では，アンケートから得られるデータの信頼性を担保する議論をしています。これは，データのクリーニング（p.16，表3参照）の活動をなるべく減らすための工夫であり，基本的なことではありますが重要な見方・考え方です。分析（Analysis）では，グラフをかく技能として「グループで同じものを1人ずつがかく」指示をしています。一見無駄なことのように見えますが，グループから個に戻って考える際や，記録（ポートフォリオ）として学習を振り返ることを考えると大切な活動です。児童の発言の「教室で走っているのかも」ですが，このようなデータに基づくものではない読み方を「データを超えて読む（reading beyond the data）」と言います。ここでの教師の対応として「教室で走っているかどうかのアンケートをとれば解決できるね」と2周目の問題解決の入り口を示し，さらに，データがあればより深い分析ができるという態度を身に付けさせたいところです。結論（Conclusions）では，推論であることに触れた活動（確定的ではなく，不確定であること）が行われています。一見，データやグラフから「お昼休みに校庭でおにごっこをすると擦り傷になる」といった因果関係があることが読み取れそうですが，因果関係があることを示すには慎重な判断が必要です。このことは，児童のワークシートにあった「2位どうしだとなんかへん」ということを授業で取り上げると一層明確になります。（松元新一郎）

| 小学4年 | 活用 | 適切なグラフを使った資料の考察 |

みんな元気！
健康大作戦

1 本実践のねらい

　本実践では，自分たちの小学校の児童が全国の児童と比べ，健康かどうか調べるためのデータを集め，そのデータをグラフへと表し，表したグラフの特徴や傾向を話し合うことで，データを活用するための思考力を付けることをねらいとしています。

2 指導計画と教材の概要

1 指導計画（全10時間）

時	授業のねらい	学習活動
1	・よりよく表すための折れ線グラフについて知り，学習への見通しをもつことができる。	・保健室の廊下掲示を見て，よりわかりやすくするためにはどうすればいいか話し合う。
2〜6	・折れ線グラフを読むことやかくことができる。 ・2つの折れ線グラフを同じグラフ用紙にかいて，関係や特徴を読み取ることができる。 ・折れ線グラフの適切な目盛りの取り方や省略の仕方を理解することができる。	・折れ線グラフを読み取ったり，グラフ用紙にグラフをかいたりする。 ・2つの折れ線グラフを同じグラフ用紙にかき，関係や特徴について考察する。
7〜10本時	・目的に応じてデータを分類整理し，データの特徴や傾向に着目し，問題を解決するための適切なグラフを選択して判断し，その結論について考察することができる。	・自分たちの小学校の児童が全国の児童と比べ，健康かどうか調べるためのデータを集め，そのデータをグラフへと表し，表したグラフの特徴や傾向を話し合う。

2 教材の概要

本校は5月上旬に全校児童が「健康チェック調べ」を行っています。健康チェック調べとは，児童一人ひとりが起床時刻や就寝時刻，朝食を取ったか，テレビの視聴時間などの健康についての項目を1週間点検していくものです。そして，健康チェック調べが終わると，保健室の廊下に結果が掲示されます（写真1）。

写真1　保健室廊下掲示

単元の導入にこの掲示を児童と見に行き，どうすればもっとわかりやすく表すことができるのか話し合うことで，グラフの必要性に気付き，折れ線グラフを学習していくことになりました。そして，単元の終末で，実際にこのデータをグラフなどを使って表し，本校の児童が健康かどうかについて話し合うことを目標としました。

3 授業の実際（第7〜10時）

1 課題解決のために必要なデータは何か考える

第7時では「健康チェック調べ」の10項目の中から，自分たちの学校の児童が本当に健康か調べるためには，どの項目についてグラフに表していけばよいか話し合いました。教師は児童に，「健康かどうかを伝えるにはどの項目が適切か」「グラフで表して説明するにはどの項目が適切か」という視点で考えるように伝えます。また，本校と全国の小学生のデータを比べることで，よりわかりやすく考察できるということも伝え，提示しました。話し合いの結果，児童が興味をもち，グラフでも表すことができそうな以下の4項目を使うことになりました。

写真2　健康チェック調べ項目

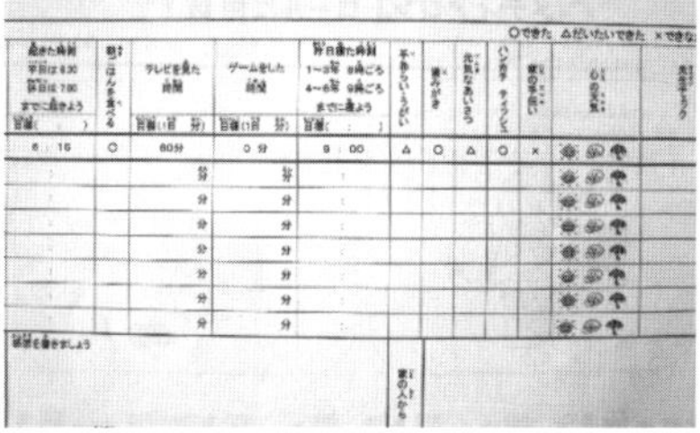

A　本校と全国の小学生の起床時刻
B　本校と全国の小学生の就寝時刻

第2章　データの活用の授業実践例　059

C　本校と全国の小学生の1日当たりのテレビ視聴時間
　　D　本校と全国の小学生の1日当たりのゲームをした時間
　1つのグループが3・4人になるようにし，グループで協力して次時にグラフを作成することにしました。

2　データを整理し，適切なグラフに表す

　第8，9時では，4つのグループそれぞれで，データを整理してグラフに表す活動をしました。グラフに表すときに，3つの注意事項を伝えました。1つ目は，これまでに学習した棒グラフや折れ線グラフのどちらで表す方が適切か，グループで考えて選ぶようにさせることです。本単元は，主に折れ線グラフについての学習でしたが，児童に「折れ線グラフの学習だから折れ線グラフで表すものだ」という考えをもってほしくなかったからです。2つ目は，本校と全国の小学生のデータを1つのグラフ用紙で表すか，2つのグラフ用紙で表すかについても考えさせることです。3つ目は，グラフ用紙の1目盛りの値をどのように決めるかについて最初にしっかりと考えさせることです。この2つの注意事項は，データをよりわかりやすく見る人に伝えるために必要なことだからです。

　児童は，棒グラフで表すグループ（図2），折れ線グラフで表すグループ（図3），棒グラフと折れ線グラフの両方を表してみるグループ（図1と図4）と，グラフの性質を考えて様々な表し方をしました。また，どうすればグラフをよりわかりやすく見る人に伝えられるのか考え，目盛りを工夫して表していました。そして，以下のようなグラフが完成しました。

図1　本校と全国の小学生の起床時刻　　図2　本校と全国の小学生の就寝時刻

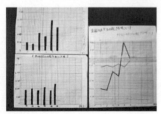

図3　本校と全国の小学生の
　　　1日当たりのテレビの視聴時間

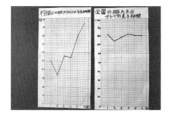

図4　本校と全国の小学生の
　　　1日当たりのゲームをした時間

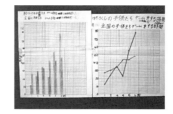

3 作成したデータを基に特徴や傾向に着目しながら結論について考察する

　第10時では，第8，9時で作成したグラフをグループごとに提示し，データの特徴を読み取りながら，本校の児童がこれから健康に生活していくにはどうすればいいかという課題について話し合いました。

　まず，4つのグループがそれぞれ作成したグラフについて，どんなデータをどんなグラフに表したのか説明をしました（写真3）。

写真3　グラフの説明

　次に，提示されたグラフがグループによっていろいろな表し方をしていたので，棒グラフと折れ線グラフどちらで表す方が適切か話し合いました。児童は「変化の様子がわかりやすいから折れ線グラフの方がいいと思う」や「折れ線グラフは同じ人の6年間の寝た時刻だったらいいけれど，6学年の違う人の記録だから棒グラフで表す方がいいのではないか」など，自分の意見をグラフの性質を考えながら発言していました。話し合った結論としては，「グラフの正しい使い方を考えると，棒グラフを使った方がいい。しかし，折れ線グラフにしても変化の様子がわかりやすいところもある」となりました。

　その後に，グラフの特徴を読み取って話し合う活動を行いました。最初に「本校と全国の小学生を比べてどのようなことがわかるか」と「1年生と6年生など，学年で比べてどのようなことがわかるか」という2つの視点で，それぞれのグラフを読み取りました。児童は「全国の子どもたちは起きた時

刻はほとんど同じだけれど，私たちの学校は折れ線グラフがガクガクしていて，学年によって差があることがわかります」「2年生のテレビを見た時間はとても少ないけれど，6年生のテレビを見た時間はとても多くなっています」など，視点を明確にしたことで，グラフから特徴を正しく読み取っていました。

写真4　グラフの特徴の読み取り

また，本時の課題であるこれから健康に生活していくにはどうすればいいかという発問に対しては，「高学年を中心にゲームの時間が多くなっているのでゲームの時間を減らした方がいい」や「ゲームのやりすぎは止めて，寝る時刻を早くするようにしよう」など，グラフから読み取った特徴から考察したことを答えることができていました。

　授業の終末部の振り返りでは，「私たちの学校では，ゲームの時間など全国の平均より多いところがあったので，遅かったり・多かったりするところ（就寝時刻やゲーム時間）は直してほしいです。自分もそういうところがあったら直したいです」と，自分の生活と結び付けてノートを書いている子がいました。

4 考察

　自分たちの生活を振り返り，改善していくという題材だったので，多くの児童が積極的にデータをグラフ化したり，データから読み取ったことを考察したりすることができました。小学4年生がデータをグラフ化するときにゼロベースから取り組むと，とても時間がかかります。目盛りを与えるなど教師のアシストが必要だと感じました。また，これからデータの活用をさらに系統的に学習するうえでも，4年生で複数のグラフから読み取って考察するという経験は大切だと感じました。

（馬渕　達也）

指導のポイント

ポイント1　単元の導入と活用の授業の結び付き

　単元の導入では，保健室に掲示されている「健康チェック調べ」の結果を「どうすればもっとわかりやすく表すことができるか」という教師の投げかけにより，統計グラフの必要性に気付かせています。本校の児童が健康かどうかを調べるために，本単元で扱う新しい統計グラフを学ぶことのワクワク感を創り出しています。統計領域にかかわらず，単元の導入と活用の授業を結び付けることで，学ぶことの必要性や達成感を味わうことができます。

ポイント2　データの絞り込み方と基準となる指標の必要性

　本実践では，教師からの2つの視点（健康かどうかを伝えるためのデータか，グラフに表す必要のあるデータか）を基に，話し合いによって4項目に絞り込まれ，（児童にとっての）ビッグデータを目的に応じて絞り込んで考察することの大切さを学んでいます。さらに，全国の小学生のデータと比べることを教師が提案することによって，基準となる指標の判断基準となるデータの必要性も学んでいます（時間があれば児童に「比べるにはどんなデータが必要か」と問えるとよい）。今回学んだデータの精選の仕方や判断基準となるデータの必要性を次の機会に自分たちで生かせるとよいでしょう。

ポイント3　統計グラフの選択能力の育成

　データを統計グラフにする際，授業者は3つの選択の視点（目的に応じた統計グラフの選択，複数系列のグラフにするかどうかの選択，目盛りの選択）を児童に示しています。適切な統計グラフの選択能力が十分でない実態（2014年度全国学力・学習状況調査・算数B2参照）があるので，p.61のように，既習の統計グラフの特徴を比較する場面を設けることが大切です。

ポイント4　統計グラフやデータに対する考察の方法や結論の出し方

　児童は，「本校と全国」「1年生と6年生」のように，多面的にデータの間を読みながら（reading between the data）発表しています。これで終わりにせずに，「これから健康に生活していくには」という未来志向の観点で結論（Conclusions）を出しているところが大切です。　　　（栢元新一郎）

| 小学5年 | 活用 | データに対する多面的・批判的な考察 |

目指せ！
「おすすめの本」読破

1 本実践のねらい

　新学習指導要領では，統計にかかわる領域「データの活用」が新設されました。身の回りの事象をデータから捉え，問題解決に生かす力，データを多面的に把握し，事象を批判的に考察する力の育成が重要だと考えます。そこで，本実践では，「各学年の『おすすめの本』の目標冊数は今年度のままでよいか」（単元の中心問題）を話し合う活動を通して，データを多面的に把握したり，批判的に考察したりする力を育成することをねらいとします。

2 指導計画と教材の概要

1 指導計画（全7時間）

時	授業のねらい	学習活動
1〜2	・単元の中心問題を把握し，問題解決に必要なデータを考察することができる。	・単元の中心問題について考え，問題解決に必要なデータを話し合う。
3〜4	・帯グラフ，円グラフの読み方を理解することができる。 ・帯グラフ，円グラフのかき方を理解することができる。	・都道府県別の果物の出荷量と割合を表した帯グラフ，円グラフから特徴を調べる。 ・都道府県別の果物の出荷量と割合を百分率で表し，それを帯グラフ，円グラフに表す。
5〜6	・単元の中心問題について，収集したデータを整理し，適切なグラフに表すことができる。	・単元の中心問題について，必要なデータを収集，分類整理し，グラフや表に表す。
7	・単元の中心問題について，データを多面的に把握したり，批判的に考察したりすることができる。	・作成したグラフや表を紹介し合い，データを基に，単元の中心問題について，話し合う。

064

2 教材の概要

　5年生の児童に対して，単元の中心問題として，「次年度の『おすすめの本』の目標冊数は，今年度のままでよいだろうか」と，児童に投げかけ，統計的問題解決における探究サイクル（PPDAC サイクル）に基づいて，児童が問題解決をできるように単元を展開しました。「おすすめの本」の目標冊数の決定権を与えることで，「次年度のリーダーとして自分たちが学校の読書活動を推進するんだ」という気概をもたせ，学習活動に対し主体的に取り組める教材とするよう考慮しました。

「おすすめの本」について

　読書活動の推進のために全校児童に「おすすめの本」が紹介されたカード（図1）が配布されます。児童はカードに紹介された「おすすめの本」を1年間で目標冊数だけ読むことを目標にしています。ちなみに，現行の各学年の目標冊数は，低学年（1・2年）が30冊，中学年（3・4年）が20冊，高学年（5・6年）が15冊です。

図1　「おすすめの本」カードの一部

6年生の目標：1年間で15冊		★必読書
No.	＜教材＞作品名	読んだ日
	＜伝えられてきたもの＞ ★このシリーズから1冊	
27	竹取物語（くもんのまんが古典文学館）	
28	源氏物語（くもんのまんが古典文学館）	
29	枕草子（くもんのまんが古典文学館）	
30	平家物語（くもんのまんが古典文学館）	
31	徒然草（くもんのまんが古典文学館）	
32	東海道中膝栗毛（くもんのまんが古典文学館）	
33	紫式部	

3 授業の実際（5時間で実施）

1 中心問題の解決に必要なデータを考察する（第1～2時）

　第1時では，単元の中心問題として，「次年度の『おすすめの本』の目標冊数は，今年度のままでよいだろうか」と，児童に投げかけました。「このままでもいい」という意見もありましたが，多くの児童は，「みんな（他学年の児童に）聞いてみないと，何とも言えない」「データを見てから考えたい」という反応をしました。そこで，どんなデータを知りたいのかを考えさせ，意見交流をしました。児童からは，「現時点（11月下旬）で，何人（の児童）が『おすすめの本』の目標冊数を読み終わったのかを知りたい」「みんな（全校児童）に，『おすすめの本』が長い（と感じている）かを聞いてみたい」「来年に目標冊数を増やして負担にならないかを考えたい」など，

第2章　データの活用の授業実践例　065

様々な意見があがりました。児童は、中心問題と対峙した際に、主観で判断するのではなく、結論を導き出すためのデータの必要性を訴え、どんなデータが必要なのかを考察しました

収集したいデータごとに、7つのグループ（1グループ3〜6人）を編成し、休み時間を利用してアンケートを作成したり、必要なデータを収集したりしました。

写真1　データの収集

また、第3時・第4時では、新たなグラフとして、帯グラフと円グラフの読み方、かき方について、学習をしました。

2 収集したデータを整理し、適切なグラフに表す（第5〜6時）

第5時・第6時では、（休み時間などで）収集したデータを、グループで整理して、適切なグラフや表に表す活動を行いました。グラフや表に表す前に、単元の中心問題を児童と確認し、次年度の「おすすめの本」の目標冊数を決めるために、グラフや表に表しているという目的意識をもって活動に取り組めるように配慮しました。児童は、データを収集する中で、単元の中心問題に対する考えや主張をもち始めていたので、自分たちの考えがより伝わるようなグラフや表にしようと活動に取り組みました。

写真2　グラフの作成

例えば、高学年は1冊のページ数が多いから目標冊数を安易に増やしてはいけないという考えをもつグループは、低学年とのページ数の違いがわかるように棒グラフを作成しました（図2B）。その他のグループも、自分たちの考えが伝わるように、適切なグラフや表を話し合いながら作成し、7つの表やグラフが完成しました。

図2A 目標冊数達成者を表した棒グラフ

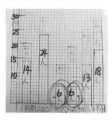

図2B 1冊当たりのページ数の平均を表した棒グラフ

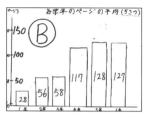

図2C 月ごとに読んだ本の冊数を表した2次元表

図2D 「おすすめの本」の冊数は多いかを意識調査し,集計結果を表した帯グラフ

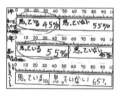

図2E 目標冊数を達成した後に,何冊の本を読んだのかを表した表

図2F 合格者の割合を表した帯グラフ

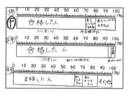

図2G 読んだ本の種類の内訳を表した円グラフ

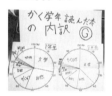

3 作成したグラフや表を基に,単元の中心問題について話し合う(第7時)

　第5,6時で作成したグラフや表を提示し,単元の中心問題である「次年度の『おすすめの本』の目標冊数は,今年度のままでよいだろうか」について,話し合い活動をしました。まず,7つのグループが作成したグラフや表の説明をしました(写真3)。この際,グループの考えや主張を込めないように,事実のみを伝えさせました。グラフや表から中心課題に対する考えを考察させるためです。

　次に,中心課題に対する考えをノートにまとめる時間を設け,他グループのグラフや表を分析したり友だちと相談したりして(写真4),結論を導きました。

写真3　グラフの説明

写真4　相談の様子

第2章　データの活用の授業実践例　067

その後，中心問題について話し合いをしました。児童は，グラフや表を根拠に様々な結論を発言しました。例えば，ある児童は，図２Dのグラフから，「おすすめの本」を長いと感じている児童が半数いることを見いだし，「１年生の冊数を減らした方がいい」という結論を伝えました。この意見に対し，他の児童が図２Eのグラフから，「１年生は，合格してから平均10.8冊読んでいるのに，減らしてはいけない」と反論しました。この意見の対立から，同じ学年でも根拠とするデータが異なると結論も異なることに気付きました。この意見の対立を聞いていた別の児童からは，「Dのグラフだと長いと感じていても，Eのグラフを見ると，その後にたくさん本を読んでいる」と，２つのグラフの矛盾を指摘した発言も得られました。また，「最初は２年生の合格者数が多いから２年生は増やすべきだと思っていたけど，『おすすめの本』を長いと感じている人がたくさんいるから，そのままでいいと思う」と，前時までの結論と変更した児童もいました。１つのデータだけで結論を判断せず，情報を多面的に考察していると考えられます。

4 考察

データを多面的に把握したり，批判的に考察したりする力を育成するには，問題解決に対する主体的な情意を感化することが大切です。そのために必要なことは目的意識だと考えます。本実践では，児童に次年度の「おすすめの本」の目標冊数を決める権限を与えたことで，児童は自分のこととして問題を捉え，主観で判断するのではなく，結論を導き出すためのデータの必要性を訴えました。また，収集した様々なデータを提示して話し合い活動を設けることで，１つのデータだけで結論を判断せず，情報を多面的に考察する児童が表れました。これらの児童の表れは，データを多面的に把握したり，批判的に考察したりする力の育成につながったのではないかと考えられます。

ただ，小学５年という実態を考えると，グラフの作成に時間を要したり，データを超えてグラフを解釈したりする点に対しては，教師の配慮が必要だと考えます。

（高山　新悟）

指導のポイント

ポイント1　解決に必要なデータの収集

　本実践では，「目標冊数は本年度のままでよいのか」という教師からの投げかけを基にして，多くの児童が根拠（エビデンス）となるデータの必要性を感じています。児童が必要だと感じたデータは，事実（何人が目標冊数を読み終えたか，など）と意識（おすすめの本は長いと感じているか，など）の2つの観点で整理することができます。このことは，計画（Plan）段階で，アンケートで聞きたい項目やその順番を考える際の1つの視点になります。

ポイント2　統計グラフの選択能力の育成

　4年生の実践例と同様に，アンケートによって収集したデータについて，「目標冊数」を提案するという目的に応じて，児童には適切な（的確な）グラフを選択する力が問われます。このように，4年以降は既習の統計グラフに新出の統計グラフを加味しながら統計グラフの選択能力をスパイラルで身に付けるようにすることが大切です。

ポイント3　多面的・批判的に考察する能力の育成

　本実践では，グループによって集めたデータとグラフが異なります。したがって，グループで考えた「事実」と「考察」の発表を一度に行ってしまうと，聞く側の多くの児童は初見のために，発表を受け取るだけになってしまいます。そこで，授業ではまず「事実」のみを発表してもらい，他のグループのデータや統計グラフを解釈する時間を設けることで，複数の資料から多面的に考察する態度が養われています。自分の考え（意思）を明確にもっているため，最後の話し合いでは，意見が対立する場面が生まれています。この際，p.15で述べた批判的思考における大切な視点である，他者の意見や自分の意見を的確に判断するように，教師が働きかけることが重要です。

ポイント4　活用場面におけるICTの利活用

　本実践では，統計ソフト（p.36の③参照）を使ってグラフをかく時間を短縮し，その分を考察の時間に充てることが考えられます。その際，画面上に示された統計グラフを，記録として残す配慮が必要です。　　　（柗元新一郎）

| 小学6年 | 習得・活用 | 代表値を使った多面的な読み取り |

どれくらい本を
借りたのだろう？

1 本実践のねらい

　新学習指導要領において，小学校算数科における内容の系統性を見直し，データの活用の領域が設けられました。そして，平均値，中央値，最頻値の代表値の考え方が中学校1年から小学校6年に移行されています。本実践では，学校図書館の貸出冊数のデータから，代表値による調べ方を理解し，データの多面的な見方や考え方ができるようになることをねらいとしています。

2 指導計画と教材の概要

1 指導計画（全5時間）

時	授業のねらい	学習活動
1～2	・最高記録や平均値を求め，記録を比べることができることができる。 ・ドットプロットに表し，比較すると，散らばり方が捉えやすいことを理解する。	・1組と2組のソフトボール投げの記録を読み取り，どちらの組の記録がよいか話し合いをする。
3	・度数分布表にまとめることや，階級を，以上，以下，未満を用いて表すことができる。	・記録表やドットプロットから，度数分布表にまとめ，どの階級が一番多いかなどの話し合いをする。
4	・集団の散らばりの様子や特徴を柱状グラフの数値や形から捉えることができる。	・2組の柱状グラフをかき，1組の柱状グラフと比べ，ちらばりのようすを比べる。
5 本時	・平均値だけではなく，中央値や最頻値などの代表値を調べることで，資料について多面的な見方や考え方ができる。	・6年4月から6月までの図書館の貸出冊数のデータを読み取り，いろいろな資料の読み取り方を話し合う。

070

2 教材の概要

本時の授業を構想するにあたり，代表値である中央値や最頻値の考えが児童から引き出され，児童の興味や関心が高まり，主体的に取り組める教材はないかと考えました。小学校生活の中には，様々な教科のテストや委員会の調査，体育の授業の記録など，いろいろな量的データを扱っています。今回の授業では，児童の生活の中から，「図書館の貸出冊数」を選びました。

本校の学校図書館の蔵書は，バーコード管理をしており，貸出冊数のデータは，期間を指定したうえで，貸出冊数の多い児童から，降順で読み出すことができます。エクセルへの移行も簡単で，後述の統計ソフトを使い，度数分布表や柱状グラフにできます。表1に示したデータのように，6年（単学級）には，本が好きな児童がいて，散らばりが大きいデータだったので，代表値の考えを引き出せそうなデータでした。本校の蔵書管理ソフトは，昨年度の貸出冊数や，借りた本のジャンルでも検索することができます。

表1 6年貸出冊数データ

No.	冊	No.	冊
1	21	19	3
2	17	20	2
3	16	21	2
4	15	22	1
5	14	23	1
6	12	24	1
7	12	25	1
8	12	26	1
9	11	27	1
10	10	28	1
11	10	29	1
12	8	30	0
13	7	31	0
14	6	32	0
15	6	33	0
16	5	34	0
17	4	←中央値3.5	
18	3		

9月下旬に実施した本授業では，データの計算処理がしやすい値と判断した6年生34名の4月から6月までの貸出冊数を取り上げることにしました。授業の最後には，対象児童が5年の同じ時期との比較もすることにしました。

3 授業の実際（第5時）

1 用語を確認する

今までは，教科書の例題で学んできましたが，今日の授業は，子どもたちが実際に図書室で借りた本の冊数のデータで取り組むことを伝えると，「え

第2章　データの活用の授業実践例　071

ー，すごい」「ちょっと待ってください。本当に？」などの興味の高まりを感じたり，戸惑いの声が聞こえたりしました。

「6年生4月から6月の間で，みんなはどれくらい本を借りたのだろう」と投げかけ，stathist（p.37参照）で作成したドットプロットや度数分布表，柱状グラフを提示して（図1），用語の確認後に3〜4人グループに分かれ，データの読み取りをしました。

図1　子どもたちに提示した貸出冊数データ

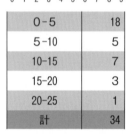
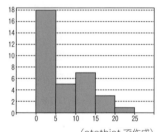

0-5	18
5-10	5
10-15	7
15-20	3
20-25	1
計	34

（stathistで作成）

2　グループで話し合いながらデータを読み取る

グループでの話し合いが始まると，まず，子どもたちは，クラスの仲間と比べて，自分がどれくらい借りているかが気になる様子でした。「僕は，2冊も借りたかな？　○○さんが一番多いかな？」という発言が聞かれました。次に，柱状グラフの形に注目し，借りている本が0冊以上5冊未満の人が一番多いことに気付き，割合を求め，50%近くになることに驚いていました。

写真1　グループでの話し合い

しばらくすると，「電卓，ありですか？」という声が聞こえ，平均値を求めてみたいというグループが表れてきました。平均値が6冊であるということがわかると，柱状グラフの山の高さとの違いに気付いている様子でした。

3　全体で共有する

　クラス全体での共有の場面

写真2　子どもが示した反応

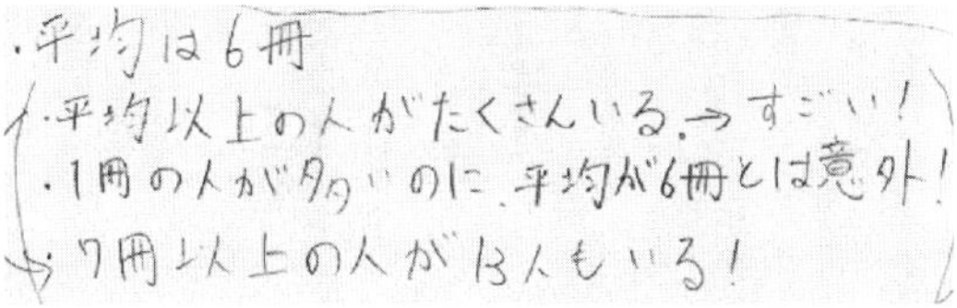

では，ドットプロットから，
散らばりが大きいことや，柱
状グラフの形に注目して，左
側に偏っていることへの意見

・平均は6冊
・平均以上の人がたくさんいる。→すごい！
・1冊の人が多いのに，平均が6冊とは意外！
→7冊以上の人が13人もいる！

が出てきました。また，平均値を求めたグループから，平均値が6冊だった
ことの発表とともに，「1冊しか借りていない人が8人もいるのに，平均値
が6冊というのは，びっくりした」という感想がありました。

　平均値は6冊ですが，実際のデータと比べてみると，違和感があるところ

で，最頻値の考え方を伝えました。このデータの
場合は，最頻値が1冊になることを押さえました。

　次に，自分が仲間と比べて，どれくらい借りて
いるかを比べるために，降順で並んでいるデータ
を基に，真ん中の順位に注目させました。「ラン
キングの真ん中はどこ？」という問いに，「17と
18の間」という反応がありました。その間の値で
ある3.5冊が中央値ということを確認しました。

表2　5年貸出冊数データ

No.	冊	No.	冊
1	36	19	2
2	30	20	2
3	26	21	2
4	23	22	2
5	16	23	1
6	16	24	1
7	11	25	1
8	10	26	0
9	8	27	0
10	5	28	0
11	5	29	0
12	5	30	0
13	5	31	0
14	4	32	0
15	4	33	0
16	3	34	0
17	3	←中央値2.5	
18	2		

4　5年生の貸出冊数と比較する

　全体で3種類の代表値の確認をした後，表2，
図2に示したように昨年度5年生の4月～6月，
つまり，1年前の自分たちと貸出冊数を比較する
場面を設定しました。6年生のときと比べて，
「5年生のときの方が散らばっているなあ」とい
う反応があり，すぐに代表値を比べるグループが
出てきました。代表値の比較を通して，平均値だ
けでなく，より多面的な見方をしていました。

第2章　データの活用の授業実践例　073

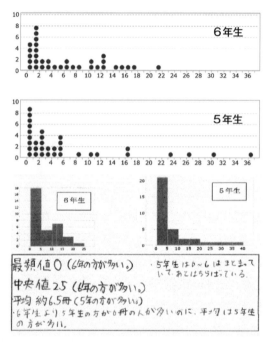

図2　6年生と5年生の貸出冊数の比較

授業の最後に，スポーツテストの記録や保健委員会の歯磨きチェックの集計結果を例に出し，平均値だけではなく，最頻値や中央値の見方や考え方があることを生かしてほしいことを伝えました。

4 考察

児童にとって身近であり，昨年度との比較ができる図書館の貸出冊数のデータを扱ったことで，自分たちの生活を見直すきっかけにもなりました。より深くデータを読み取るために，「平均値は真ん中だったかな？」という問いかけをしたり，中央値や最頻値は，他の値につられない値であることに気付かせるために，「もし，このクラスに100冊借りている人がいたらどうなるだろう」と投げかけたりすることで，代表値の理解がより深まったものと考えます。

（笹瀬　大輔）

指導のポイント

ポイント1　個人データの取扱い

　本実践では，対象児童の図書の貸出冊数を扱っており，離散型の量的データ（0以上の整数）なので，平均値・中央値・最頻値の3つの代表値が求めやすいです。このデータは対象児童のものであるために，興味・関心や分析する必要性が高まる一方で，思春期を迎えた高学年では自分のデータをクラスメイトに知られるのが恥ずかしいと感じる児童もいます。このことを踏まえて，本実践では，個人が特定されない配慮（図1）がなされており，自分たちの生活を見直すという視点を明確にしています。代表値の算出の容易さと児童の実態に応じて，授業で用いるデータを検討することが大切です。

ポイント2　データの散らばりの様子を明らかにすること

　本実践では最大値（○○さんが一番多いかな）に着目すること，柱状グラフが左に偏っていること，借りている本が0冊以上5冊未満の割合（50%近くになること）など，データの散らばりの様子を表すつぶやきや発表がみられます。割合の考えは中学1年で学ぶ相対度数の考えです。さらに，5年と6年のデータのドットプロット・柱状グラフを図2のように示したので，さらに散らばりの違いにも意識が向いています。詳しい考察方法は，中学1年での階級の幅を変えることによるヒストグラムの違いや，中学2年での箱ひげ図で詳しく学びますが，本実践はそれらの素地指導になっています。

ポイント3　新たな代表値の必要性

　全体共有の場面では，「1冊が8人いるのに平均値が6冊」というグループの発表がありました。ドットプロットや柱状グラフが右に裾の長いグラフになるデータだからであり，平均値の6冊は2人しかいません。このように，平均値がデータの代表値として妥当ではない場面が出るようなしかけがあります。このことを踏まえて，最頻値の必要性を明らかにしています。中央値については，教師から「仲間の中の自分の位置」を投げかけることによって，中央値の考えを引き出していますが，児童から自然に中央値に目が向くしかけができるとよいでしょう。

（松元新一郎）

| 中学1年 | 習得 | 相対度数や累積度数の必要性と意味 |

今年度と昨年度の1年生の学習時間を比較しよう

1 本実践のねらい

データの傾向を比較して考察する際「相対度数」の考えが必要になることがありますが，形式的にその意味や求め方を教え込むのではなく，既習事項から生徒自身が相対度数の必要性を実感できる課題が必要であると考えました。本実践では，今年度と昨年度の試験期間の平均学習時間を題材として，総数が異なる2つのデータを比較し，データの傾向を捉え説明することを通して，考察し判断することができるようにすることをねらいとしました。

2 指導計画と教材の概要

1 指導計画（全8時間）

時	授業のねらい	学習活動
1〜2	・度数分布多角形の必要性や意味を理解し，それを用いてデータを整理することができる。	・あるクラスの試験の結果のデータを整理し，その試験の特徴について考察する。
3〜4	・総数の等しい2つのデータを整理して比較し，その傾向を読み取り，考察したり表現したりすることができる。	・2クラスの50m走のデータを比較し，その傾向について自分の考えをワークシートに記入し，発表する。
5〜6本時	・累積度数や相対度数の必要性や意味を理解し，それらを求めて，データの傾向を考察し，自分の考えを，根拠を明確にして説明することができる。	・今年度と昨年度の試験期間の平均学習時間を比較し，自分の考えを，根拠を示して説明する。
7〜8	・問題を解決するために，データを収集して整理して資料の傾向を捉え，根拠を明確にして説明することができる。 ・他の人の考えを聞き，批判的に考察し判断することができる。	・「縁日のゲームの景品の基準点」を考えるために必要なデータを収集して整理し，グループで根拠に基づいた「基準点」を考察し発表する。 ・他グループの考えを聞き，自分の考えを振り返り新たな問題を発見する。

2 教材の概要

　定期考査２週間前の学習時間のデータを，全クラス（３クラス）の生徒107名分と，前年度87名分を収集しました。本時は「相対度数」や「累積度数」の必要性や意味を理解することが目的であるため，データを計算しやすいように処理し，今年度120名，昨年度100名として，右のように整理して提示しました。

階級(時間)		今年度		昨年度	
以上　～　未満		度数		度数	
0 ～ 0.5		6		4	
0.5 ～ 1.0		3		10	
1.0 ～ 1.5		21		11	
1.5 ～ 2.0		12		6	
2.0 ～ 2.5		21		18	
2.5 ～ 3.0		15		23	
3.0 ～ 3.5		18		8	
3.5 ～ 4.0		12		11	
4.0 ～ 4.5		6		5	
4.5 ～ 5.0		6		3	
5.0 ～ 5.5		0		1	
計		120		100	

　2.0時間以上2.5時間未満の階級は，今年度と昨年度を比較した場合，度数は今年度の方が大きいものの，相対度数を比較すると，昨年度の方が大きくなるようにしました。また，１日の平均学習時間の目安として「学年＋１時間」，すなわち中学１年では「２時間」という目標時間を設定し，目標を達成できなかった生徒が今年度と昨年度ではどちらが多かったかを比較する課題を設定しました。生徒の関心を高めるとともに，その数値に絡めた問題を作成することで，「その階級に着目して調べることの目的」がわかる工夫をしました。

3 授業の実際（第５～６時）

1 １つの階級に注目して度数を比較する

　第５時の導入では，平日の平均学習時間について，今年度と昨年度のデータを示し，以下の問題を提示しました。

問題１　試験２週間前の平日の平均学習時間が，2.0時間以上2.5時間未満の生徒は，「今年度」と「昨年度」とでは，どちらの方が多いと考えられますか。

多くの生徒が度数を比較し，「今年度の方が多い」という回答したものの，度数の合計が違うことに気付き，単純に比較することはできないのではないかと考える生徒もいました。ここで，自分の考えとその根拠をプ

写真1　生徒の板書を用いての発表

リントに書かせ，隣の生徒と意見交換を行わせました。その後，「今年度の方が多い」「昨年度の方が多い」と考えた生徒の根拠をそれぞれ発表させました。発表は，言葉で説明するだけではなく，黒板に数値や式を示させることで似たような考え方であってもその相違点や共通点に気付かせる工夫をしました（写真1）。「昨年度の方が多い」という回答の考え方として，「割合を利用する」というものの他にも「度数の合計をそろえる」「通分する」といった既習事項を利用したものもありました。

　まとめとして，大きさの異なる2つ以上データの傾向を比較する場合，度数分布表の各階級の度数では単純に比べることはできないので，このような場合には，各階級の度数について，度数の合計に対する割合（相対度数）を用いると，大きさの異なる集団の階級ごとの比較がしやすくなると伝えました。

　その後，度数分布表に相対度数の欄を加え，すべての階級における相対度数を書き込ませ，その合計が1になることを確認しました。

図1　第5時のワークシート

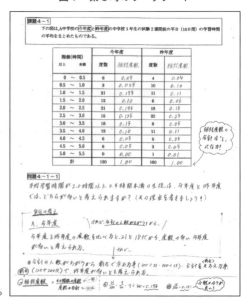

また比較しやすくするために，分数ではなく小数で表すことを指導しました。

2 階級をまとめて傾向を読み取る

第6時では，「『今年度』試験2週間前の平日の平均学習時間で，『学年＋1時間（2時間）』を達成できなかった生徒は何人ですか」という問いかけをしました。多くの生徒は42人と回答しました。このような場合，特定の階級の度数に着目するのではなく，小さい方からある階級までの度数の総和を求める必要があり，最小の階級から各階級までの度数の総和を表した「累積度数」について説明しました。その後，度数分布表に累積度数の欄を加え，すべての階級における累積度数を書き込ませました。

図2　第6時のワークシート

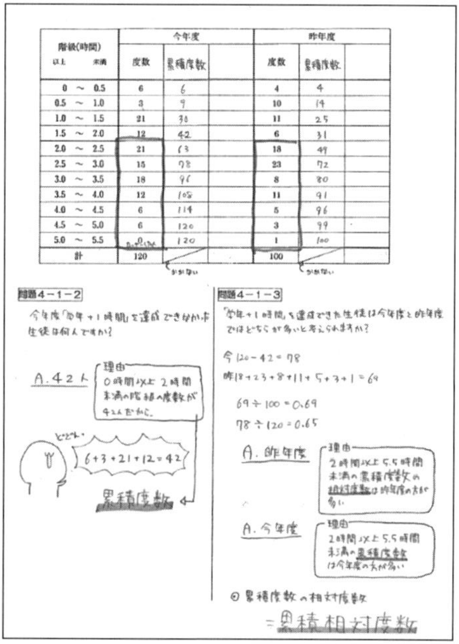

階級(時間) 以上 未満	今年度 度数	今年度 累積度数	今年度	昨年度 度数	昨年度 累積度数	昨年度
0 ～ 0.5	6	6		4	4	
0.5 ～ 1.0	3	9		10	14	
1.0 ～ 1.5	21	30		11	25	
1.5 ～ 2.0	12	42		6	31	
2.0 ～ 2.5	21	63		18	49	
2.5 ～ 3.0	15	78		23	72	
3.0 ～ 3.5	18	96		8	80	
3.5 ～ 4.0	12	108		11	91	
4.0 ～ 4.5	6	114		5	96	
4.5 ～ 5.0	6	120		3	99	
5.0 ～ 5.5	0	120		1	100	
計	120			100		

問題4－1－2

今年度「学年＋1時間」を達成できなかった生徒は何人ですか？

A. 42人

理由 0時間以上2時間未満の階級の度数が42人だから。

6+3+21+12=42

累積度数

問題4－1－3

「学年＋1時間」を達成できた生徒は今年度と昨年度ではどちらが多いと考えられますか？

今 120－42＝78

昨 18+23+8+11+5+3+1＝69

69÷100＝0.69

78÷120＝0.65

A. 昨年度

理由 2時間以上5.5時間未満の累積度数の相対度数は昨年度の方が多い

A. 今年度

理由 2時間以上5.5時間未満の累積度数は今年度の方が多い

◎累積度数の相対度数

＝累積相対度数

次に，以下の問題を提示しました。

> **問題2　試験2週間前の平日の平均学習時間で，「学年＋1時間（2時間）」を達成できた生徒は，「今年度」と「昨年度」とでは，どちらの方が多いと考えられますか。**

この際，「判断の根拠を他人にわかりやすく説明できるように記述すること」を指導しました。

前の問いかけや問題1を参考にすることで，多くの生徒が，自分なりの考えをもつことができていました。特に，累積度数の考えを用いた後で，相対

度数（割合）の考え方を用いて課題に取り組む生徒が多くいました。「2時間を達成できた人の合計」を求める際にも，度数分布表の大きい方から累積して合計を求める生徒や達成できなった生徒の人数を合計人数からひいて求める生徒など，多様な考え方がみられました。

　生徒が発表する場面では，書画カメラ（実物投影機）を利用しました。「累積度数」や「相対度数」という言葉を用いて説明する生徒を参考にして，「累積相対度数」についての指導につなげました。

4 考察

　「根拠を明確に記述すること」や実物投影機を活用して「記述した内容を発表すること」で，データの傾向を捉え，その結果を基に批判的に考察したり判断したりするという活動を経験させることができました。

　また，形式的に知識，用語を教え，活用するという授業展開ではなく，日常の課題を解決するために，必要なデータを利用し，度数分布表を活用して課題解決していく授業展開をしたことで，「資料の合計が異なるため，合計をそろえて考える必要がある」といった考え方や「累積度数の相対度数」といった考え方が生徒自身から出てきたことで，「必要性を実感させる」というねらいを達成することができました。

　しかし，「学習時間を比較する」という日常生活の題材を取り上げ，生徒の関心を高めることをねらいとしましたが，その比較の必要性を感じていない生徒もいました。また，問題1では，1つの階級に焦点を当てて比較しましたが，なぜその階級を取り上げたか生徒に必要感を感じさせることができませんでした。取り上げる題材を工夫し，データを収集して，改善していく必要があると感じました。

　今後，データを収集し傾向を読み取り，批判的に考察し，判断することができるようにするためには，データの収集方法や物事を多面的に吟味し，よりよい解決や結論を見いだすことのできる課題を考える必要があります。

（仁田　勇介）

指導のポイント

ポイント1　学習内容に応じたデータの準備

　本実践では，生徒から収集した学習時間のデータを基にして加工したデータを使っています。授業者も述べているように，生徒が「相対度数の必要性」を感じるようにするためです（2.0時間以上2.5時間未満の階級の「度数の大小」と「相対度数の大小」が逆転するように設定）。このように，習得の場面では，学習内容に応じて，場合によっては実際のデータに近い架空のデータを準備することも大切です。なお，問題1で，「度数の合計をそろえる」「通分する」と考えている生徒がいます。このことから，中学1年で学習する素因数分解の考えを活用して最小公倍数が求められるように，2つのデータの度数の合計を検討しておくとよいでしょう。

ポイント2　目的に応じてどちらからでも累積できるようにする

　本実践では，生徒が累積度数の必要性を意識できるように，「2時間の学習時間が達成できなかった生徒の人数」を考える場面を設定して，累積度数を導入しています。次に，「2時間の学習時間が達成できた生徒は，昨年度と本年度のどちらが多いか」を考える場面を設定したところ，度数分布表の大きい方から累積して合計を求める生徒がいました。このように，累積度数（累積相対度数）の指導では，目的に応じて小さい方あるいは大きい方から累積できる柔軟性を生徒が身につけることが大切です。なお，合計人数から達成できなった生徒の人数を引いて求める生徒がいましたが，余事象の考え方であり，確率の計算などにつながる素地指導になります。

ポイント3　中2の四分位数・箱ひげ図の学習につなげる

　総度数の異なる2つのデータの累積の様子を視覚化して比べるためには，累積相対度数の折れ線グラフが必要になります。まず，度数分布表の小さい方から累積した様子をグラフにする際，折れ線の各頂点をどこにとればよいかを考えさせたいところです。完成したグラフから，全体の25%（第1四分位数）や50%（中央値）はそれぞれどの階級になるのか，などを求める学習をしておくと，2年の学習につながります（p.23，122参照）　（松元新一郎）

第2章　データの活用の授業実践例　081

| 中学1年 | 活用 | データを根拠にした多面的・批判的な考察 |

「ボールつかみどりゲーム」の景品の得点を考えよう

1 本実践のねらい

　「批判的に考察し判断する力」を身に付けるには，根拠を基に判断して自分の考えを説明したり，他者の説明を聞いて多様な考え方に触れたりする経験が必要です。本実践では，「ゲームの得点に応じて景品を出すときの『基準点』を考える」という題材を用い，統計領域の既習事項を用いて，景品を出す得点を考え，話し合いや発表をして，意見を交換することで，「批判的に考察し判断すること」ができるようになることをねらいとします。

2 指導計画と教材の概要

1 指導計画（全8時間）

時	授業のねらい	学習活動
1～2	・度数分布多角形の必要性や意味を理解し，それを用いてデータを整理することができる。	・あるクラスの試験の結果のデータを整理し，その試験の特徴について考察する。
3～4	・総度数の等しい2つのデータを整理して比較し，その傾向を読み取り考察したり表現したりすることができる。	・2クラスの50m走のデータを比較し，その傾向について自分の考えをワークシートに記入し，発表する。
5～6	・累積度数や相対度数の必要性や意味を理解し，それらを求めて，データの傾向を考察し，自分の考えを，根拠を明確にして説明することができる。	・今年度と昨年度の試験期間の平均学習時間を比較し，自分の考えを，根拠を示し説明する。
7～8本時	・問題を解決するために，データを収集して整理して資料の傾向を捉え，根拠を明確にして説明することができる。 ・他の人の考えを聞き，批判的に考察し判断することができる。	・「縁日のゲームの景品の基準点」を考えるために必要なデータを収集して整理し，グループで根拠に基づいた「基準点」を考察し発表する。 ・他グループの考えを聞いて考えを振り返り，新たな問題を発見する。

2 教材の概要

　ねらいの達成に向け,「相対度数などの既習内容を取り扱う」「日常生活の問題を取り上げ,生徒の関心を高める」「話し合いや発表を取り入れる」「多様な考え方が導かれる」ことの4点に注意した教材を考えました。

　「ボールつかみどりゲーム」を以下の手順で実験を行い,小学生と中学生のデータを収集しました(写真1)。

写真1　資料収集の様子

- 箱の中に50個のスポンジボールを用意し,うち10個を赤色とする。
- 箱の中のボールを両手でつかみ,別のカゴに移す。
- カゴに入った赤色とそれ以外のボールの数を集計する。
- 赤色のボールを3点,それ以外を1点として得点(単位:点)を出す。

　収集したデータを,小学校低学年・中学年・高学年・中学生と4つの年代別に度数分布表にして生徒に提示しました。

　「文化祭の出し物のゲームの景品の出し方(1等,2等,3等の基準点)を決めるための話し合いを学級で行う」という設定で問題に取り組ませることで,「データの傾向を読み取り,話し合いをすること」への目的意識を高め,主体的に取り組ませる工夫をしました。

3 授業の実際(第7～8時)

1 課題を理解して,グループで発表シートを作成する

　第7時の授業の導入では,関心を高めるために,スライドを用いて文化祭の画像を提示し,「記念の祭りが行われることになり,各クラスで出しもの(ボールつかみどりゲーム)を行うことになり,それについて学級活動で話し合いをする」という設定を提示しました。

「実際に，クラスで出しもの（ボールつかみどりゲーム）をするとしたら，何を決めておく必要があるか」と発問すると，「ルール」「景品」などの意見が出たため，事前に準備していた「ルールと景品基準点記入表」が書かれた資料（資料1）を提示しました。

資料1　ゲームのルールと基準点記入表

ボールつかみ取りゲームのルール

・箱の中に入った50個のボールを目隠しをして両手でつかみ，つかんだボールの合計点数によって景品をもらう。
・赤色のボールが1個につき3点,他のボールは1個につき1点である。

景品の基準点一覧

	小学校低学年 （1，2年生）	小学校中学年 （3，4年生）	小学校高学年 （5，6年生）	中学生
1等	点以上	点以上	点以上	点以上
2等	点以上	点以上	点以上	点以上
3等	点以上	点以上	点以上	点以上
参加賞	その他	その他	その他	その他

その後，「基準点を考えるために必要なものは何か」という発問をすると，「実際にボールがどのくらいとれるのか（得点がとれるのか）」「各年代別の得点の資料（分布の様子）」といった施行実験に基づくデータが必要であるという意見が上がりました。

また，「景品の個数」「予算」「参加人数」といった間接的に必要となる意見も上がったところで，次の資料が書かれたワークシートを配付しました。

【メモ】

参加人数予想
　小学校低・中・高学年の児童各100名　中学生200名程度

景品の個数と配分
　小学校低学年・中学年・高学年　それぞれ1等5個　2等10個　3等15個
　中学生　1等10個　2等10個　3等10個

年代別の得点の分布

小学校低学年の得点分布

階級(点) 以上　未満	度数 (人)
27 ～ 30	1
24 ～ 27	0
21 ～ 24	1
18 ～ 21	2
15 ～ 18	3
12 ～ 15	10
9 ～ 12	19
6 ～ 9	8
3 ～ 6	5
0 ～ 3	1
計	50

小学校中学年の得点

階級(点) 以上　未満	度数 (人)
27 ～ 30	2
24 ～ 27	4
21 ～ 24	3
18 ～ 21	6
15 ～ 18	8
12 ～ 15	26
9 ～ 12	15
6 ～ 9	8
3 ～ 6	3
0 ～ 3	0
計	75

小学校高学年の得点

階級(点) 以上　未満	度数 (人)
36 ～ 40	1
32 ～ 36	1
28 ～ 32	4
24 ～ 28	14
20 ～ 24	25
16 ～ 20	31
12 ～ 16	23
8 ～ 12	6
4 ～ 8	1
0 ～ 4	1
計	106

中学生の得点

階級(点) 以上　未満	度数 (人)
36 ～ 40	3
32 ～ 36	9
28 ～ 32	11
24 ～ 28	28
20 ～ 24	42
16 ～ 20	29
12 ～ 16	22
8 ～ 12	5
4 ～ 8	1
0 ～ 4	0
計	150

そして，「4人1組で，ゲームの景品の『基準点』を話し合って決めよう」

という問題を提示し，話し合いの手順として次のように伝えました。

①4人1班で話し合い，1つの基準点を決める。（全9班）
②各班で4つの年代のうち，2つの年代の基準点を考える。
③「根拠」や「思考の過程」がわかるように発表用の用紙に記入する。
④電卓を利用してもよい。（貸し出し用を準備）

②について，2つのうち1つは，まとめで各班の考え方の比較を行うため，全班共通で「小学校低学年」の基準点を考えるものとしました。

話し合いでは，「代表値」や「相対度数」などを根拠として話を進めたり，ヒストグラムをかいて視覚的に分布を捉えたりして課題に取り組む班や，よく理解している生徒が班員にやることを伝えながら計算などの作業を協力して行う班など，活発な活動がみられました。また，「景品が予想以上に早くなくなってしまっては困る」という根拠を基に，導いた数値よりも基準点を少し高く設定しようという，現実に行う場合の問題点も含めた話し合いができている班もありました。「平均値」を求めてそれを3等の基準点にしようと考えた班では，このあとの2等や1等の基準点が決められないからこれは適していないのではないかという議論も行われていました。

話し合いの際，教師は机間指導しながら生徒の作業についての質問に応じたり，作業方法がつかめていない班への声かけを行ったりしました。

資料2　取り組みのワークシート

2　発表を評価し合って，解決過程の振り返りをする

第8時では，前時で話し合った内容を次の手順で発表・評価を行いました。

①同じ年代について考察した班同士でグループを編成し（3班1グループ），その中で発表を行う。
②結論（基準点）とその根拠を説明する。
③発表を聞いた生徒は，新しい発見は「青色の付箋」，疑問に思ったことや改善点は「赤色の付箋」に記入し発表した班の発表シートに貼る。

　発表では，「根拠を明らかにしているか」「具体的な数値を示しているか」「数学の表現を使えているか」という3点に注意して準備させました。説明を聞く生徒には，発表のポイントを押さえているかに視点を置くことと，「本当にこの考えでよいのだろうか」「この根拠では困ることはないか」といった批判的目線をもつことを留意させました。本実践では，説明すること以上に，説明を聞いて，それを評価することに重きを置き，付箋に書いた内容を評価の材料としました。

4 考察

　班で話し合って1つの結論を出すために意見を交わすことや，他の班の発表を聞き，それを評価する機会を設けることで，批判的に考察し判断するというねらいは達成できました。また，根拠が同じでも結論が異なる場合や，結論が同じでも根拠が異なる場合があるということを知ることで，考察の結果としてただ1つの正しい結論が導かれるとは限らないということにも気付かせることができました。

　設定に合わせ，学級活動で話し合いをするという雰囲気で授業を行うことで，興味・関心を高め，活発な話し合いや発表が実現したと考えています。

　最後に，本実践では，施行実験から得られたデータを基に基準点を考えることを題材としたため，それ以外の設定は，指導者が与える形となりましたが，今度は，データを収集したり，予算を基に景品の個数や配分を考えたりするところから生徒に取り組ませたいと考えます。　　　　　　（仁田　勇介）

指導のポイント

ポイント1 統計的な問題解決の授業づくり

本実践では，統計的な問題解決の方法のうち，問題（「ボールつかみどりゲーム」の景品の得点基準をどのように設定すればよいか），計画（ルールや条件の整理と，これまでのデータに基づいて考えること），データ（教師が事前に収集したデータの利用）については，生徒の興味・関心を引き出しながら教師主導で行っています。一方，分析（データを基にして相対度数などを求めて分析すること），結論（データを基にしたルールづくりと結論に基づいた議論）については，生徒が主体になっています。統計的な問題解決は時間がかかるので，授業のねらいを明確にして，焦点を当てる統計的な問題解決の段階を意識した授業設計をすることが大切です。

ポイント2 「みなす」活動を意識化すること

本実践では，主催者側の立場に立ち，年代別になっている度数分布表を基に「代表値」や「相対度数」などを活用して，1等，2等，3等の基準点を決める活動をしています。つまり，過去のデータを分析して未来を予測・推測しています。この際，「文化祭でも，これまでと同じように得点する，すなわち，同じ分布（代表値や範囲など）である」と仮定しています。さらに，相対度数で考えた班は，無意識に「相対度数を確率とみなす」ということ（確率的な判断）をしているかもしれません（統計的確率の指導の前であるため）。以上のことから，本実践を統計的確率の指導が終わった後に位置付けると，統計的・確率的に仮定していることを明確にすることができます。

ポイント3 批判的な考察ができる手立てを仕組むこと

第8時では，発表の方法の確認だけでなく，発表側の一方的な説明にならないように，聞き手側の付箋によって思考の視覚化を図っています。特に，疑問・改善点の付箋は，発表側・聞き手側の両者が共有して議論できる手立てになっています。このように，何が問題であると感じたのかを意識させて（メタ認知），他者と共有・議論し，新たなルールづくり（統計的な問題解決の2周目）に向かう態度を育てたいところです。 （杣元新一郎）

| 中学2年 | 習得 | ドットプロットを用いた箱ひげ図の導入 |

数字探しゲームの結果を
まとめてみよう

1 本実践のねらい

　箱ひげ図は，これまで高等学校の数学Ⅰで指導されていた内容です。今回の学習指導要領改訂に伴い，中学校第2学年に移行しました。高校から中学に移ったことから，小学校とのつながりを意識した指導を展開する必要があります。小学校では，データの活用の中でドットプロットを学習します。そこで本実践では，箱ひげ図の習得の段階として，ドットプロットを基にして箱ひげ図を作成する授業展開を考えました。元データを意識しながらグラフとして表現することで，箱ひげ図への理解が深まると考えています。なお，本稿では習得の段階としての2時間分の授業をまとめています。

2 指導計画と教材の概要

1 指導計画（全4時間）

時	授業のねらい	学習活動
1 〜 2本時	・データの特徴を捉える方法として，四分位範囲や箱ひげ図を理解する。 ・ヒストグラムとの比較をして箱ひげ図の理解を深める。	・数字探しゲームのデータを箱ひげ図で表し，傾向を読み取る。 ・同一データをヒストグラムと箱ひげ図で表し比較する。
3 〜 4	・箱ひげ図を用いてデータの分布の様子を視覚的に理解することができる。 ・読み取った傾向を発表し，他の意見と比べることで，考察を深める。	・8都市の8月の気温のデータを基にして並行箱ひげ図をつくる。 ・並行箱ひげ図を読み取り，データの傾向を捉え，説明したり判断したりする。

088

2 教材の概要

本実践では，教室での生徒の活動からデータ収集を行うために，「数字探しゲーム」を行いました。数字探しゲームは，ランダムに配置された数字を１から順に探していくゲームです。図１のような，１から100までの数字が10×10の100マスの中にランダムに配置されている表を用意します。「数字探しゲーム」では，100まで探すのにかかった時間を競う場合と，

図１　数字探しゲーム

17	45	48	3	26	8	67	62	50	1
80	87	90	25	89	98	29	10	16	94
13	4	15	78	22	86	28	2	55	100
74	30	61	9	38	5	82	69	12	20
57	42	79	32	73	77	11	47	34	33
39	46	99	14	51	93	81	56	53	97
19	96	64	7	65	40	76	24	6	31
44	35	18	68	49	27	21	58	66	37
23	41	70	83	59	75	63	43	52	84
60	95	54	88	36	91	85	71	72	92

制限時間内にどこまで探せたかを競う場合とがありますが，授業では２つ目の方法で制限時間を３分と設定して実施しました。

この表は，表計算ソフトを用いて作成したものです。生徒それぞれに数字の配置が異なる表を配布しました。

3 授業の実際（第１～２時）

1 数字探しゲームを行う

第１時では，まずルールを説明し，すぐに数字探しゲームを始めました。生徒は３分間，集中して取り組んでいました（写真１）。

写真１　数字探しゲームの様子

第２章　データの活用の授業実践例　089

ゲーム終了後，表を回収してクラスの記録をまとめることにしました。教師が記録を読み上げながら，ドットプロットでまとめていきます（写真2）。

写真2　ドットプロット（板書）

生徒には板書と同様のワークシートを配付し，同じようにドットプロットで記録をまとめさせました。

その後，ドットプロットでまとめた記録を見て気付いたことを発表させました。「20あたりに集まっている」「20〜30が多い」「範囲が22」「最大が36」「一番少ないのが14」「中央値が26」「クラスの4分の1の人が30以上」など，集まり具合や散らばり具合に着目して分布を捉える様子や，既習事項を使って分布を表現する様子がありました。また，最後の生徒のように，四分位数につながる考え方の発言もみられました。

2 箱ひげ図を作成する

生徒は自分の記録がクラスの中でどのあたりに位置しているかも気になるようでした。そこで，自分の記録の相対的な位置を把握するために，クラスの記録を4分割して考えることにして，箱ひげ図の考え方につなげ，実際に箱ひげ図を作成しました（図2）。

図2　箱ひげ図①（生徒作成）

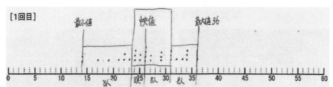

授業では，箱ひげ図をかいた後に，第1四分位数，第3四分位数，四分位範囲等の用語を指導しました。また，ひげと箱にそれぞれ25%ずつの記録が含まれることを指導し，箱ひげ図について理解を深めました。

その後2回目の「数字探しゲーム」を行いました。1回目と同様にドットプロットで記録をまとめ，箱ひげ図を作成しました。1回目と2回目の箱ひ

げ図（図3）を比較し，気付いたことをワークシートに記入させ，発表させました。

図3　箱ひげ図②（生徒作成）

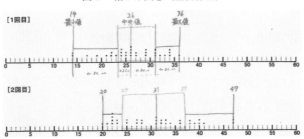

最大値や最小値，中央値を比較したりし，箱やひげの様子や散らばり具合に注目して比較する様子がありました。多くの生徒が箱ひげ図が全体的に右に寄っていることを理由に，2回目の方が記録がよいと読み取っていました。また，記録が上がったと判断した理由として，1回目の第3四分位数より上の範囲（上位25％）に2回目の50％の人が入っていることをあげている生徒もいました。ここまでで，第1時の活動を終えました。

3 ヒストグラムと比較する

第2時では，第1時の結果を基にして，ヒストグラムと箱ひげ図を比較する活動を取り入れました。第1時の記録をまとめたワークシートを用意し，箱ひげ図の作成を振り返るとともに，同じデータをヒストグラムで表したものと比較しました（図4）。

図4　ヒストグラムと箱ひげ図

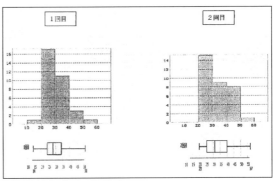

ワークシートのヒストグラムと箱ひげ図は，統計ソフトのstathistとstatbox（p.37，38参照）を用いて作成したものです（図4の

データは第1時とは異なるクラスのものです)。

　授業ではヒストグラムと箱ひげ図を比較し，それぞれのグラフの利点について話し合いました。生徒の意見には次のようなものがありました。

ヒストグラムの利点
・最頻値がわかりやすい
・何人いるかがわかる
・多いところがわかりやすい

箱ひげ図の利点
・最大値，最小値，中央値がすぐわかる
・比べやすい
・範囲がわかりやすい
・散らばりや集まり具合がわかりやすい

　同一のデータで，箱ひげ図とヒストグラムを比較する活動を取り入れたことによって，箱ひげ図，ヒストグラム双方への理解がより深まりました。

4 考察

　本実践では，箱ひげ図を導入するにあたって，ドットプロットを用いました。新しい学習指導要領では，ドットプロットは用語も含めて小学校での既習事項となります。箱ひげ図の学習の機会に振り返っておきたいものです。また，箱ひげ図の難しさは，箱の大きさやひげの長さがデータの密度を表す点にあります（箱やひげが長いほど散らばっている）。生徒はこれまで学習したグラフの経験から，グラフの長さや大きさがデータの量を表していると捉えてしまいがちです。元データとの関連を意識するためにも箱ひげ図の学習にドットプロットを活用することは有効と言えます。

　また，第2時での活動のように，ヒストグラムとの比較を行うことも大切です。双方の利点を知ることでグラフへの理解が深まり，必要に応じて使い分けることができるようになります。単に習得に終わるだけなく，グラフのもつ利点と欠点を生徒に理解させておくことが重要です。

（石綿健一郎）

指導のポイント

ポイント1　ドットプロットと箱ひげ図の関連づけ

　箱ひげ図はデータを５つの指標でかくことができるので容易ですが，例えば，最小値から第１四分位数までのデータがどのように散らばっているかが見えなくなり，特に初学者は箱ひげ図を読み取る際に誤った判断をしてしまう可能性があります（p.25資料１参照）。そのために，授業者も述べているように，元データが見えるドットプロットを有効に活用することが大切です。本実践のデータは自然数のため，ドットプロットが書きやすいこと，四分位数や四分位範囲を求めやすいことがあげられます。このように，単元の導入では，生徒自身のデータ（本実践のように頑張れば個数を増やすことができるような内容）で興味・関心をもてるもの（自分の位置を知りたい）であり，かつ，扱いやすいデータであることが大切です。

ポイント2　指標をつくり出す活動の大切さ

　本実践では，データを既習のドットプロットに表して気が付いたことを発表する活動をしています。これらのうち，「クラスの４分の１の人が30以上」（第３四分位数と最大値の間に着目）を教師が取り上げて発言させています。このように，どの学年でも，生徒のつぶやきや意見を取り上げて，指標をつくり出す活動を大事にしたいところです。

ポイント3　ヒストグラムと箱ひげ図の関連

　第２時では，ヒストグラム（既習）と箱ひげ図を比較する活動を行い，それぞれの特徴を整理しています。学んだグラフの特性（p.25資料２参照）を基にして，目的に応じて適切なグラフを選択できる力をつけることが大切です。なお，箱ひげ図は５つの指標でかくことができるので容易な反面，縮約しすぎのため，散らばりの様子を詳しく観察するにはヒストグラムの方が優れています。箱ひげ図は複数のデータを比べる際に有効なグラフです。授業者はこのことを活用の授業（p.94参照）で行っていますが，習得の場面で，箱ひげ図をかく技能と連動させる（本実践であれば，例えば，３，４，５，…回目を行って，箱ひげ図をかく）ことも考えられます。　　　　　（松元新一郎）

| 中学2年 | 活用 | 複数の箱ひげ図を用いた批判的な考察 |

一番暑い都市は
どこだろう？

1 本実践のねらい

　ヒストグラムや度数折れ線（度数分布多角形）では，3つ以上のデータセットを並べたり，重ね合わせたりすると傾向を比較し読み取ることが難しくなります。一方，箱ひげ図の場合は，複数のデータセットを並べて比較することが視覚的に容易です。箱ひげ図の大きな利点は，複数のデータセットの比較のしやすさにあります。本実践では，8月の気温を題材に複数の箱ひげ図（並行箱ひげ図）を比較し，傾向を読み取る活動を行いました。活動には話し合いの場面を設定し，批判的に考察し，判断できるようにしています。

2 指導計画と教材の概要

1 指導計画（全4時間）

時	授業のねらい	学習活動
1〜2	・データの特徴を捉える方法として，四分位範囲や箱ひげ図を理解する。 ・ヒストグラムとの比較をして箱ひげ図の理解を深める。	・数字探しゲームのデータを箱ひげ図で表し，傾向を読み取る。 ・同一データをヒストグラムと箱ひげ図で表し，比較する。
3〜4本時	・箱ひげ図を用いてデータの分布の様子を視覚的に理解することができる。 ・読み取った傾向を発表し，他の意見と比べることで，考察を深める。	・8都市の8月の気温のデータを基にして並行箱ひげ図をつくる。 ・並行箱ひげ図を読み取り，データの傾向を捉え，説明したり判断したりする。

094

2 教材の概要

本実践では，8月の気温を題材として取り上げました。夏の暑さについてはニュースなどでも毎年のように話題になります。日常生活にかかわる身近な話題を取り上げることで，生徒の興味を引き出し，主体的に課題解決に取り組ませることができます。また，気候の話題はだれにでもかかわりがあるので，対話のきっかけづくりにもなります。

本実践では，気象庁のホームページに掲載されている過去の気象データを活用しました。東京・熊谷・大阪・京都・江川崎（高知県四万十市江川崎，授業では「高知」），沖縄，札幌，軽井沢の8都市の2013年8月の日最高気温，日平均気温，日最低気温のデータを使用しています。また，提示用の箱ひげ図は統計ソフトstatbox（p.38参照）を用いて作成しました。

3 授業の実際（第3～4時）

1 比較の方法を検討する

授業では既習事項の振り返りも兼ねて，2都市（東京，熊谷）の比較から始めることにしました。まず，毎日の平均気温が記載された表（図1）を提示し，どちらの都市が暑いと言えるかを尋ねます。

生徒からは，「このままではわかりづらい」「グラフにしたい」という声が上がりました。

そこで，あらかじめ用意したヒストグラムを提示しました（図2）。

図1　日平均気温

東京　2013年　8月							熊谷　2013年　8月						
日	気温(℃) 平均	日	気温(℃) 平均	日	気温(℃) 平均		日	気温(℃) 平均	日	気温(℃) 平均	日	気温(℃) 平均
1	27.5	11	32.9	21	29.1		1	26.2	11	31.8	21	27.2
2	25.6	12	31.3	22	28.5		2	25	12	30.6	22	28.4
3	26.7	13	30	23	28.2		3	26.6	13	29.4	23	25.7
4	27.8	14	30.2	24	29		4	27	14	29.7	24	27.4
5	29.1	15	30	25	25.5		5	27.5	15	29.6	25	24.4
6	28.7	16	29.7	26	26.7		6	27.4	16	29.9	26	25.7
7	30	17	29.6	27	25.4		7	29.2	17	29.5	27	24.9
8	30.3	18	29.6	28	27.8		8	30.3	18	29.6	28	27.8
9	31	19	30.3	29	28.3		9	31	19	30.3	29	28.3
10	33.2	20	30.5	30	31.4		10	33.2	20	30.5	30	31.4
				31	30.8						31	29.1

図2　ヒストグラム

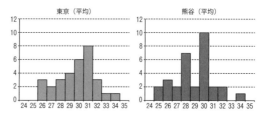

生徒の反応は，「なんとなく熊谷かな…」「東京の方が暑い？」などあやふやな印象でした。「箱ひげ図でも比べてみたい」という意見も上がりました。授業では作業効率を上げるために，8月の日平均気温を昇順に並べなおしたプリントを全員に配布し，それぞれ箱ひげ図を作成させました。

　作成を終えた生徒から，2つの箱ひげ図（図3）を比較してわかることを考えさせ，全体が作成を終えた後で，意見交換をさせました。生徒は中央値や箱の偏

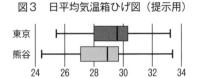

図3　日平均気温箱ひげ図（提示用）

りに注目して「東京の方が暑い」という傾向を読み取っていました。ヒストグラムでは把握しづらかったことが，箱ひげ図では判断しやすくなることを生徒は実感をもって理解することができたようです。

2　8つの都市を比較する

　2つの箱ひげ図の比較を確認したところで，続いて8都市の比較を行うことにしました。先ほどと同様に，毎日の気温の記録，ヒストグラムを提示し，比較しにくさを確認したところで，箱ひげ図を作成することにしました。

　ここからは班活動を行い，箱ひげ図も手分けをして作成しました。また，多角的な分析を行うために日平均気温に加えて，日最高気温，日最低気温も比較します。日平均気温，日最高気温，日最低気温をそれぞれ2班ずつ分担して行うことになりました。

図4　日最低気温箱ひげ図（生徒作成）

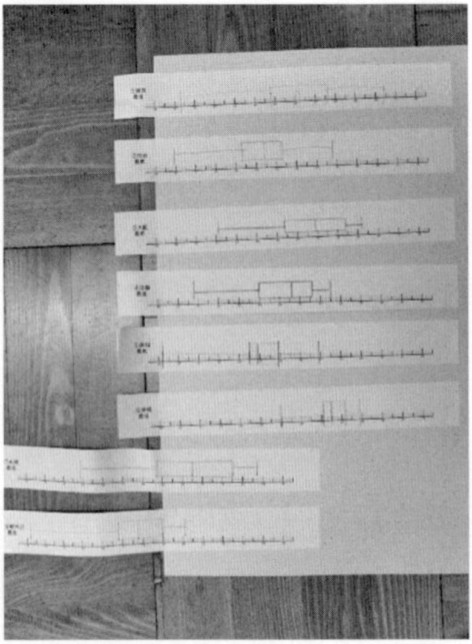

　それぞれが作成した箱ひげ図を台紙に貼らせ（図4），全体から読み取れることを話し合わせました（写真1）。

日最高気温を調べた班からは，「高知が一番暑い。8つの中で箱が一番右寄りにあるから」という意見が出されました。日平均気温を調べた班は最も涼しい地域を軽井沢と判断しました。「中央値が一番低く，箱が左に寄っている」というのが判断の理由です。他の班でも箱の幅に注目するなど，分布の様子を視覚的に比較して読み取ることができているようでした。また，中央値や最大値を説明の根拠として取り上げる班もありました。生徒の話し合いでは，本時のねらいとする，批判的な考察が行われていました。また，授業では生徒の意見発表の際にあらかじめ作成した箱ひげ図を提示しました（図5）。

写真1　話し合い活動の様子

図5　箱ひげ図（提示用）

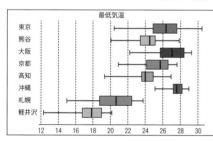
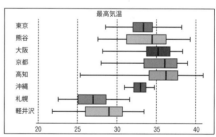
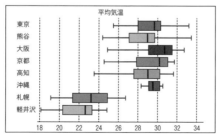

気象庁サイトより
（statboxで作成）

3 生徒の感想から

授業後の生徒の感想から，箱ひげ図指導の留意点を考察します。

S1 ヒストグラムを見たときは，8都市も比べられないと思ったけど，箱ひげ図は比べやすかった。

S2 箱ひげ図を使うことで8月の気温を細かく見ないで広く見ることができた。

S3 細かい図よりもわかりやすい点もあったけど，見えなくなる部分も多いから使うときには気を付けたい。

S4 数字だけでは全く違うと思った。地域同士でも箱ひげ図にするととても似ている図になることがあった。

S1やS2の感想からは，複数のデータセットの比較に箱ひげ図が有効なことを生徒が実感をもって理解した様子がわかります。一方で，S3やS4の生徒の意見にあるように，箱ひげ図では見えなくなっている部分が多いことに注意が必要です。箱ひげ図が同じような形になった場合は元データに戻れるようにしておくなどの指導の工夫も必要です。

4 考察

本実践では夏の暑さを題材にしましたが，生徒の関心や地域性などを考慮して，冬の寒さや降水量，降雪量を題材にすることも可能です。気象に関するデータは入手しやすく加工も容易で，データの活用の教材として利用しやすい場合が多くあります（気象庁サイト「過去の気象データ検索」参照）。

また気温の比較は，最高気温や平均気温，最低気温と指標が多くあり，様々な解釈が可能です。自分なりの意見をもつことで，対話のきっかけが生まれます。また，自分の考えを他者の意見と比較していくことで，批判的に考察する力が育成されます。授業においても意図的に多様な解釈が可能な題材を提示していきたいと考えます。

（石綿健一郎）

指導のポイント

ポイント1 他教科・総合的な学習の時間・特別活動との連携

　今回用いた気温のデータは，理科（中2「気象観測」「天気の変化」「日本の気象」等）や社会（「日本の地域的特色と地域区分（自然環境）」「日本の諸地域（自然環境を中核とした考察の仕方）」等）に関連します。このように，「データの活用」領域は，他教科・総合・特別活動との接続がしやすい（中1，3の実践も参照）ので，校内の関連する先生との情報共有が重要です。

ポイント2 ヒストグラムから箱ひげ図へ

　授業者は，東京・熊谷の気温のデータを見せ，どちらの都市が暑いと言えるか考えさせることで「グラフにしたい」という生徒のつぶやきを拾い，準備していたヒストグラムを示して，生徒の反応を観察しています。図2のヒストグラムからは，最頻値やデータの散らばり具合は読み取れますが，「どちらの都市が暑いか」を判断することに困り感があることを引き出しています。生徒の「箱ひげ図でも比べたい」という意見を基にして，箱ひげ図を作成させて，暑さの違いがわかりやすいことを引き出しています。このように，箱ひげ図は，「中央値」「範囲」「四分位範囲」「箱の位置」等が読み取りやすいので，「どちらの都市が暑いか」の説明の根拠に使いやすいです。

ポイント3 並行箱ひげ図の作成と読み取り

　本実践では，8都市の「日平均気温，日最高気温，日最低気温」（3×8＝24）のデータを使って比較するために，数直線の短冊を使っています。短冊は「分担して箱ひげ図をかく作業ができること」「数直線の目盛りの位置を合わせて貼る必要性を理解できること」が意図されています。「どの都市が最も暑いか」を分析する場面では，根拠（「中央値」「範囲」「四分位範囲」「箱の位置」等）を基に結論を出しています。根拠が変わると結論が変わる可能性があることから，多面的・批判的に議論できる場面になります。また，生徒の感想分析で述べられているように，箱ひげ図同士が同じ形である場合は，元データやドットプロットに戻ったり，より詳細なヒストグラムで比較したりする見方・考え方が身に付く指導が大切です。

（松元新一郎）

| 中学3年 | 活用 | 箱ひげ図を用いた母集団の推定 |

ハンドボール投げの
記録の傾向を推定しよう

1 本実践のねらい

　中学3年の「データの活用」領域の学習では，簡単な場合について標本調査を行い，標本と母集団の関係に着目して母集団の傾向を捉えたり，調査の方法や結果を批判的に考察したりします。

　本実践では，ハンドボール投げを題材として，標本調査により母集団の傾向を推定することをねらいとします。

2 指導計画と教材の概要

1 指導計画（全5時間）

時	授業のねらい	学習活動
1〜2	・調査には全数調査と標本調査があることを知り，その必要性と意味が理解できる。 ・乱数さいやコンピュータなどを使い，標本を無作為に抽出することができる。	・身の回りで行われている調査を調べ，その違いを理解する。 ・標本を無作為に抽出することの意味を理解し，標本を抽出する。
3	・母集団の平均値を，標本調査により推定することができる。	・100m走の結果の平均値を，標本調査により推定する。
4	・標本での割合を基にして，母集団の数量を推定することができる。	・池にいる金魚の数を，標本調査により推定する。
5 本時	・標本調査を利用して，母集団の代表値を推定することができる。	・ハンドボール投げの結果について，標本調査により母集団の代表値を推定し，傾向を捉える。

100

2 教材の概要

　全国規模で実施している運動能力調査に「ハンドボール投げ」がありますが，3年生徒のデータ（男子52人，女子63人）を保健体育科より収集して準備しました。

> ・1人2回ハンドボールを投げ，記録のよい方をその生徒の記録とする。
> ・記録は，小数点以下は切り捨て，単位はmとする。

　また，記録を男女別にして番号を付け，標本を無作為に抽出できるようあらかじめ準備し，黒板に掲示しました（図1）。

図1　黒板の掲示物

No.	記録(m)	No.	記録(m)	No.	記録(m)	No.	記録(m)	No.	記録(m)	No.	記録(m)
1	21	11	33	21	28	31	35	41	14	51	31
2	26	12	25	22	30	32	36	42	21	52	31
3	15	13	22	23	20	33	22	43	22		
4	25	14	19	24	26	34	36	44	24		
5	26	15	37	25	19	35	17	45	15		
6	16	16	13	26	24	36	45	46	24		
7	27	17	38	27	33	37	11	47	19		
8	28	18	19	28	33	38	17	48	17		
9	24	19	17	29	19	39	16	49	16		

No.	記録(m)	No.	記録(m)	No.	記録(m)	No.	記録(m)	No.	記録(m)	No.	記録(m)	No.	記録(m)
101	10	111	24	121	13	131	13	141	17	151	8	161	11
102	11	112	8	122	7	132	8	142	9	152	12	162	14
103	16	113	11	123	11	133	10	143	13	153	13	163	16
104	8	114	11	124	10	134	10	144	13	154	9		
105	12	115	11	125	13	135	10	145	9	155	9		
106	11	116	15	126	15	136	9	146	13	156	18		
107	11	117	17	127	19	137	9	147	10	157	14		
108	15	118	11	128	8	138	7	148	10	158	18		
109	9	119	8	129	9	139	15	149	9	159	21		
110	9	120	13	130	11	140	11	150	10	160	12		

　標本を無作為に抽出するには，様々な方法（乱数さい，コンピュータなど）がありますが，今回は，乱数表を使って抽出させました。

3 授業の実際（第5時）

1 課題を提示し，本時の内容を確認する

> 　先日実施したスポーツテストのハンドボール投げについて，標本調査により3年生の記録の傾向を推定しよう。

　本課題を与えた後，次の発問をして，問題点がないか確かめました。

第2章　データの活用の授業実践例　101

T 全体の傾向を知るために，10人の標本を無作為に抽出したところ，次の結果が得られました。
（昇順で）8，8，9，11，12，16，21，21，22，25
この結果から言えることをあげてみましょう。

S 範囲が広いから散らばりも大きい。

S 偏りが大きい。

S 男女混ざった記録が入っているのではないか。

　無作為に抽出しているものの，全国結果の集計は男女別で行っていることを知る生徒も多く，このデータから3年生の傾向を分析しても意味がないのではないか，男女別に分析した方がよいのではないか，という考えが出されました。

　そこで，データを男女別にして標本調査ができるようにし，3〜4人程度のグループ活動を行うことにしました。

2 データを収集し，箱ひげ図をつくって代表値を推定する

　男女別に無作為に抽出して標本を取り出し，箱ひげ図をつくって，3年生の記録を推定しよう。

　まず，グループごとに「乱数表」と「箱ひげ図をつくるための方眼のついた紙」を配付し，グループ内で，適切な標本の大きさを決めるところから話し合わせました。母集団のデータは，男子52名，女子63名でしたが，多くのグループは10〜20人の中で標本を取り出そうとしていました。また，箱ひげ図をつくることから，第2四分位数（中央値）が求めやすいように，奇数人（例えば13人）としたグループもありました。

　次に乱数表を用いて乱数をつくり，その番号のついた記録を，黒板に掲示した表で確認して標本を取り出しました（写真1）。その後，取り出した標

本を基にして四分位数を求め，箱ひげ図をつくるとともに，代表値を計算により求めました。今回は新しい学習指導要領の実施前の実践のため，箱ひげ図の学習を標本調査の学習前に実施しました。新学習指導要領では，四分位数・箱ひげ図は中学2年で学習するので，授業時に簡単に触れておくとよいでしょう。

写真1　標本を取り出す

3　推定した結果を発表する

グループで話し合い，作成した箱ひげ図は黒板に掲示し，グループの代表生徒が推定した結果やそこからわかることを発表しました。

写真2　グループで作成した箱ひげ図（左が男子，右が女子）

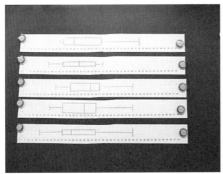 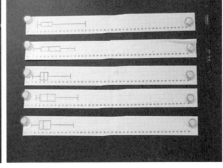

発表の際，生徒から次のような考えが出されました。

S　四分位範囲が狭いため，そこに値がかたまっていると考えられる。

S　第1四分位数が9で，第3四分位数が11で，四分位範囲が小さく，9mから11mの範囲で飛んだ人が全体の50%いることがわかる。

S　女子の箱の位置が男子より左側なので，女子の方が結果がよくない。

S　第1四分位数と第2四分位数の差，第2四分位数と第3四分位数の差が等しく，その間の人数は同じ。

4 母集団の結果と推定した結果を比べる

　生徒の発表の後，あらかじめ用意した母集団全体の代表値（平均値や中央値）や箱ひげ図（図2）を教師が示し，標本調査で推定した結果と比べました。

　標本の数や取り方によって，代表値に差はあるものの，わざわざ母集団全体の代表値を求めなくても，全体の傾向を知るには標本調査で十分であるということが生徒から出されました。

図2　提示した箱ひげ図（statboxで作成。一部加工）

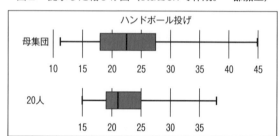

4 考察

　標本調査は，身近なところで行われており，生徒になじみのあるものも多くあります。今回は，ハンドボール投げを題材にしましたが，自分たちのデータを使って集計したり分析したりしたので，意欲的に活動することができました。特に，箱ひげ図の分析では，箱の大きさやひげの長さに着目するだけでなく，ヒストグラムも作成して箱ひげ図と比べるなど，中学校でこれまでに学んだ統計的な問題解決の手法を使い，発表する様子がみられました。

　これまでの標本調査の学習では，代表値を標本調査により求め，母集団の傾向をつかむ学習でしたが，学習指導要領改訂により，箱ひげ図が中学2年で扱われるようになったので，無作為に抽出したデータから箱ひげ図を作成し，傾向をつかむこともできます。ヒストグラムや箱ひげ図など，関連付けて意味を考える力を身に付けさせたいものです。

（堀　孝浩）

指導のポイント

ポイント1　層別して標本調査を行う必要性

　本実践の前半では，教師が３年生徒（計115名）から，標本の大きさが10となる標本調査の結果を示して，その標本から言えることを確かめています。生徒の発言のうち「男女別に分析した方がよい」（層別して分析した方がよい）は，標本調査において大変重要な考え方です。社会で行われている標本調査を示し，年齢別・地域別・市町村の大きさ別など，母集団の分布をよく維持するような層に分けて調査が行われていることを紹介するとよいでしょう。なお，１つの層内が均一になるようにすると分析の精度がよくなります（本実践で，例えば男子の中で部活動によってハンドボール投げの結果に大きく違いがあるとすれば，標本調査の精度が落ちます）。

ポイント2　箱ひげ図を使った母集団の推定の方法

　本実践では，標本を取り出して箱ひげ図を作成し，母集団の傾向を推定しています。そのうえで，母集団の箱ひげ図を示して，標本の箱ひげ図と比べています。標本の大きさが大きいほど母集団の傾向に近づくことについて，さらにはっきりさせるために，次のような工夫が考えられます。例えば，標本の大きさを５つずつ増やしたときの標本の箱ひげ図をそれぞれかき，それらの箱ひげ図を標本の小さい順に並行に並べ，最後に母集団の箱ひげ図を並べます。これらの箱ひげ図を観察すれば，標本の大きさが小さいときは，母集団の箱ひげ図との違い（ずれ）が大きく，標本の大きさが大きくなるにつれて，母集団の箱ひげ図に近づくことが視覚化されます。

　なお，箱ひげ図を使った母集団の推定の別の方法として，母平均の推定があります（p.100の指導計画では単元の第３時間目）。標本の大きさが小さいときの標本平均を繰り返し算出して標本平均の箱ひげ図（A）をかきます。同様にして，標本の大きさが大きいときの標本平均を繰り返し算出して標本平均の箱ひげ図（B）をかきます。AとBの２つの箱ひげ図を並行に並べ，かつ母平均の位置を記入して比べると，標本の大きさが大きいほど母平均の推定の精度が上がることが視覚化されます（p.27資料３参照）。　　　（桝元新一郎）

統計の森へようこそ

用語解説編

データを整理する表

1次元表	2次元表
度数分布表	2次元の度数分布表

など

p.110 へ

データの代表値

平均値　　中央値　　最頻値

p.125 へ

データの散らばりを把握する統計量

範 囲　　　　四分位範囲

分散・標準偏差　　相関係数

p.129 へ

統計的な問題解決

結論を出し改善点を見出す　　　　課題を設定する

結論　　　　　　　　**問題**

分析　→　　データ　　　計画

グラフの作成、
範囲や代表値等を
求めて分析する

データを収集して
整理する

データを収集する
方法を考える

データを視覚化するグラフ

質的データ

- 帯グラフ
- 円グラフ

量的データ

- 絵グラフ
- 棒グラフ
- ドットプロット
- 折れ線グラフ
- ヒストグラム
- 累計度数グラフ
- 箱ひげ図
- 散布図

など

p.113 へ

データの一部から全体を把握する方法

標本調査

母集団 → 取り出す → 標本
推定する ← 調査する

p.133 へ

推定・検定

下位 2.5%　上位 2.5%
-1.96　0　1.96

p.141 へ

ページデザイン：川原﨑 知洋

1 データの種類

統計データにはいろいろな種類がある。データの種類によって分類整理の仕方や用いるグラフなどが異なるので，注意が必要である。

1 質的データ

質的データは種類の違いや区別で記録されるデータのことを言う。例えば，性別（男性，女性）や血液型（Ａ型，Ｂ型，ＡＢ型，Ｏ型）や好きなスポーツ（サッカー，野球，バスケットボール，バトミントン，…）などである。質的データは，絵グラフ（小１），棒グラフ（小３），円グラフ（小５），帯グラフ（小５）などに表すことができる。

2 量的データ

量的データは数量で記録されるデータのことを言う。量的データには，おこづかいの額や人数や回数など，整数の値しかとらない離散型のデータと身長やハンドボール投げの記録など，小数点以下の値を含む連続型のデータがある。ただし，誕生月（１月，２月，…）は数のデータであるが，生まれた月を区別するだけで，平均値を求めても意味をなさないため質的データにあたる。離散型の量的データは，絵グラフやドットプロット（小６）や棒グラフや散布図（高校）に表すことができる。一方，連続型の量的データは，ドットプロットやヒストグラム（柱状グラフ：小６）や散布図などに表すことができる。

3 時系列データ

時系列データは，量的データの１つであり時間に沿って等間隔に観測されるデータのことを言う。例えば，各月の平均最高気温や５年ごとの日本の総人口などで，時系列データは折れ線グラフ（小４）に表すことができる。

4 尺度によるデータの種類の細分化

4つの尺度に注目すると，図1のようにデータをさらに細分化することができる。

データによって意味をもつ統計量が異なるので，注意が必要である。

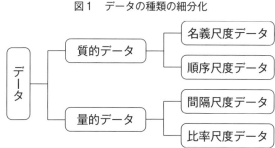

図1　データの種類の細分化

名義尺度データとは，分類にのみ意味があり順序には意味がないデータのことである。例えば，性別や血液型やプロ野球の背番号などのデータである。度数や最頻値（小6）を求めることは意味があるが，平均値（小6）や分散（高校）や標準偏差（高校）は計算できたとしても意味がない。

順序尺度データとは，順序に意味はあるがその間隔や比率には意味がないデータのことである。例えば，順位（1位，2位，3位，…）や調査における選択肢（「1：とてもそう思う，2：比較的そう思う，3：比較的そう思わない，4：とてもそう思わない」など）である。度数，最頻値，中央値（小6）を求めることは意味があるが，名義尺度データと同様に，平均値や分散や標準偏差は計算できたとしても意味がない。

間隔尺度データとは，対象となるものを数量化したときに，その数値同士が一定の間隔をもつデータのことである。例えば，温度を表す摂氏（℃）である。ただし，比率には意味がなく，「気温が2倍に変化した」とは言わないので注意が必要である。代表値（平均値・最頻値・中央値）（小6）や分散や標準偏差を計算でき，意味をもつ。

比率尺度データとは，対象を数量化したときに，その数値同士が一定の間隔をもち，かつ，その数値に絶対的な基準0があるデータのことである。例えば，重さ（g）や長さ（m）である。間隔尺度データと異なり，比率に意味をもつ。間隔尺度データと同様に，代表値や分散や標準偏差を計算でき，意味をもつ。

2 データを整理する表

データを列挙しただけではその特徴や傾向を把握することは難しい。要点を把握したり，グラフなどに表したりするためにも表に整理する必要があり，データの種類や分析する目的によって表を選択することも大切である。

1 1次元表（小2），2次元表（小3・小4）

1次元表は，表1のように，質的データを1つの観点で整理したもので，「正の字」（小3）で数え上げることがある。合計の数とデータの数が一致しているかを確かめるなど，データに落ちや重なりがないか調べたり，集計に当たって誤りがないか確かめたりすることが大切である。

表1　2年生のけがの種類

種類	人数（人）	
すりきず	正正正正正	24
きりきず	正正	10
ねんざ	下	4
その他	丁	2
計		40

2次元表は，層別に集計する際に2つの観点から整理したものである。簡単な2次元表（小3）として，表2のように学年という1つの観点でつくった表をいくつか組み合わせたものがある。縦と横に読み取ることができるため層間の比較をするのに適している。

表2　1〜3年生のけがの種類

種類	1年	2年	3年
すりきず	20	24	18
きりきず	13	10	16
ねんざ	5	4	9
その他	4	2	7
計	42	40	50

2次元表のうち，質的データを2つの観点から分類整理した表（小4）を**2×2分割表**（表3）などといい，2つの観点から論理的に起こり得る場合を調べたりすることができる。さらに，各列や各行の合計に対する各場合の度数の割合を求めることで，「ハンカチの有無とティッシュの有無に関係があるのか」といった質的データ間の関係を探ることもできる。

表3　持ち物調べ

		ハンカチ		合計
		ある	なし	
ティッシュ	ある	12	5	17
	なし	5	4	9
合計		17	9	26

2 度数分布表（小6）

度数分布表は，表4のように，量的データの分布の様子を数量的に捉えやすくするために整理したものである。各区間を**階級**といい，区間の幅のことを**階級の幅**，階級の中央の値を**階級値**，各階級に入る記録の数を各階級の**度数**という。

例えば，表4から，学習時間が30分以上60分未満の階級（階級値は45分）の度数は22人で，一番多いことがわかる。度数分布表の階級の数を求める式もあるが，データを分析する目的に応じて，データの最小値・最大値・範囲を基にしながら階級や階級の幅を決めることが大切である。

表4　6年生のある1日の家庭学習の時間

学習時間（分） 以上　未満	度数（人）
0～30	15
30～60	22
60～90	13
90～120	5
計	55

総度数の異なる2つ以上の集団のデータの傾向を比較する場合は，度数分布表の各階級の度数で単純に比べられない。このような場合は，表5のように，**相対度数**（階級の度数／度数の合計）（中1）を計算すると，階級ごとの比較がしやすくなる。相対度数は，全体（総度数）に対する部分（各階級の度数）の割合を示す値で，各階級の頻度とみなされる。相対度数を多数の観察や多数回の試行によって得られる確率（中1）とみなして不確定な事象の考察に用いることもある。

なお，合計が1にならないときは，和が1になるように相対度数の一番大きな値を調整する。

表5　5年生と6年生のある1日の家庭学習の時間

学習時間（分） 以上　未満	5年生		6年生	
	度数（人）	相対度数	度数（人）	相対度数
0～30	20	0.45	15	0.27
30～60	14	0.31	22	0.40
60～90	10	0.22	13	0.24
90～120	1	0.02	5	0.09
計	45	1	55	1

用語解説編　統計の森へようこそ　111

3 累積相対度数分布表（中１）

累積相対度数分布表は，表６のように，最小の階級から各階級までの度数の総和を表した**累積度数**を表にしたものである。表６からは，学習時間が60分未満の児童が37人いたことなどがわかる。

さらに，表６の右端の列のように，各階級までの相対度数の総和を求めると**累積相対度数**が求められ，学習時間が60分未満の児童は約７割であるといったことがわかる。

表６　６年生のある１日の家庭学習の時間

学習時間（分） 以上　未満	度数（人）	累積度数 （人）	相対度数	累積相対 度数
0～30	15	15	0.27	0.27
30～60	22	37	0.40	0.67
60～90	13	50	0.24	0.91
90～120	5	55	0.09	1
計	55		1	

4 ２次元の度数分布表（高校）

２次元の度数分布表（相関表）は，２つの量的データ間の関係を捉えやすくする表である。表７は，縦に表６の家庭学習時間の度数分布，横に読書時間の度数分布を示したものであり，読書時間が40～60分で家庭学習時間が30～60分の６年生が最も多いこと，読書時間が長いと家庭学習時間が短い傾向があることなどがわかる。

表７　６年生のある１日の読書時間（分）と家庭学習の時間（分）

読書時間 家庭時間	0～20	20～40	40～60	60～80	80～100	計
0～30			3	9	3	15
30～60		4	15	3		22
60～90	2	9	2			13
90～120	4	1				5
計	6	14	20	12	3	55

3 データを視覚化するグラフ

統計的な分析を行うためには，データを表に整理するだけでなく，表から視覚的にグラフに表現して，グラフからデータの特徴や傾向を捉えることが大切となる。それぞれのグラフには特徴があるので，データの種類やデータを分析する目的によってグラフを選択することも大切である。

1 絵グラフ（小1），記号を用いたグラフ（小2）

絵グラフは，質的データや離散型の量的データの数量（度数）を絵や図で表したグラフ（図2は質的データの絵グラフ）であり，数量の大小を比較することができる。データの文脈に合わせた絵や記号でイメージを伝えることができる。図3のように，1つの図で複数の数量を表すこともできるが，数量を細かく比べたい場合には向いていない。絵グラフでは，データの数量を高さで比較しやすくするために，絵や図の大きさをそろえたり，均等に配置したりすることが大切である。

図2　1年1組の好きなくだもの　　図3　世界の自動車メーカーの生産台数

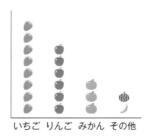
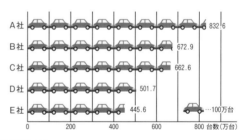

図4のように，絵グラフの絵や図を〇や□などの記号に置き換えて簡単なグラフに表すことができる。

図4　1年1組の好きなくだもの

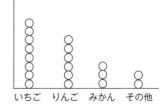

2 棒グラフ（小3）

棒グラフは，質的データや離散型の量的データの数量（度数）を棒の長さで表したグラフ（図5は質的データの棒グラフ）であり，数量の大小を比較することができる。質的データの場合は，図4のように，大きさの順に棒を並び替えることができ，順位を把握したりすることができる。

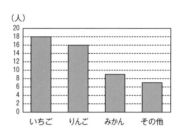

図5　1年生の好きなくだもの

棒グラフには，層別に棒を分けた**積み上げ棒グラフ**（図6左）や**複数系列の棒グラフ**（図6右）もある。これらのグラフは，全体の数量どうし，各項目の数量どうしを比較したい場合に向いている。

図6　1～3年生のけがの種類

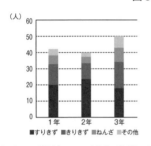 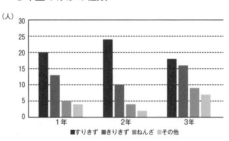

なお，縦軸の一部を省略すると，数量間の大小は変わらないのに棒の長さの差が大きくみえてしまうので，読み取る際には注意が必要である。例えば，OECD（経済開発機構）による国際的な生徒の学習到達度調査（PISA調査）では，図7を示し，「あるTVレポーターがこのグラフを示して『1999年は1998年と比べて，盗難事件が激増しています』と言いました。このレポーターの発言は，この説明として適切ですか」という問題が出題されている。グラフの妥当性を批判的に考察することも大切になる。

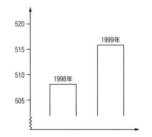

図7　盗難事件の問題のグラフ

3 折れ線グラフ（小4）

折れ線グラフは、図8のように、時間とともに変わっていく時系列データの変化のようすを折れ線の傾き方で表したグラフである。棒グラフと同様、縦軸や横軸の目盛りの取り方を変えると、折れ線の傾きが変わってみえてしまうので注意が必要である。特に、横軸の

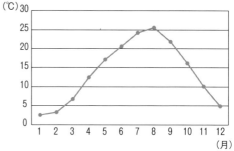

図8 栃木県宇都宮市の月平均気温

気象庁・過去の気象データ検索より作成

目盛りが等間隔に設定されていないと、傾きで比較することができなくなるため、横軸は必ず等間隔に目盛りを設定する必要がある。

また、気温変動などの長期的な変化の傾向を大局的に観察したいときには、**移動平均**の考えを使って、折れ線グラフをかくことがある。図9左は、もとのデータのまま折れ線グラフにしたものである。これを1886年～1890年の平均値、1887～1891年の平均値…、というように1つずつ元データをずらして平均値を計算して（この場合、5年移動平均という）、折れ線グラフにしたものが図9右である。このグラフからは、約10年周期に気温の高低を繰り返していたのが、1986年以降は気温が高い傾向が続いていることが読み取れる。

図9 青森の10年間の日最低気温の月平均値の変化（1886～2012年）

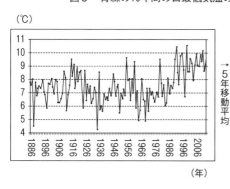
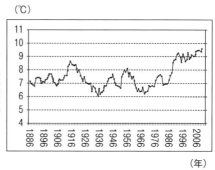

気象庁・過去の気象データ検索より作成

用語解説編　統計の森へようこそ　115

4 複合グラフ（小4）

　図10のように，棒グラフと折れ線グラフなど，異なる種類のグラフを組み合わせて1つにまとめたグラフを**複合グラフ**という。地域ごとの降水量と気温を比較する雨温図は，降水量を棒グラフ，気温を折れ線グラフで表現した複合グラフの1つである。図10から，月別の平均気温の変化と平均降水量の変化が似ていることがわかるように，2つのデータの関連性を調べるために複合グラフは適している。

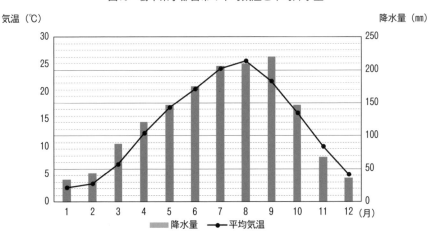

図10　栃木県宇都宮市の平均気温と平均降水量

気象庁・過去の気象データ検索より作成

5 円グラフ，帯グラフ（小5）

　円グラフは，図11左のように，質的データの数量全体を100として，各数量の割合ごとに円をおうぎ形に区切ったグラフである。

　帯グラフは，図11右のように，質的データの数量全体を100として，各数量の割合を区切った長方形の横の長さで表したグラフである。

　どちらのグラフもデータの全体と部分，部分と部分の関係を調べるのに適している。

図11 2015年の農業人口の年齢別割合

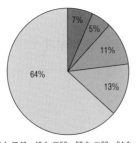
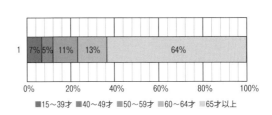

■15〜39才 ■40〜49才 ■50〜59才 ■60〜64才 ■65才以上　　ともに農林水産業「農林業センサス」より作成

　図12のように，複数の帯グラフを並べると，各項目の割合同士を比較しやすくなる。図12では，65才以上の農業人口の割合は増えているが，その人数は減っている。このように，複数の帯グラフを用いる際には，各帯グラフの合計が異なっている場合がある。そのような場合には割合が小さくなっていたり，大きくなったりしていても，実際のデータの数量も小さくなっていたり，大きくなったりしているとは限らない。そのため，複数の帯グラフを比べるときには，各帯グラフの合計を記入しておくとともに，読み取る際には注意が必要である。

図12 農業人口の年齢別割合の変化

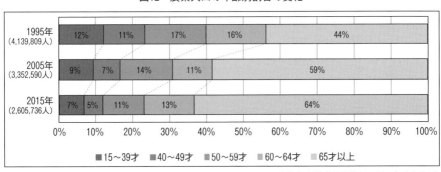

農林水産業「農林業センサス」より作成

（川上　貴）

用語解説編　統計の森へようこそ　117

6 幹葉図

　幹葉図は，元のデータ情報を保ちながら，名前の通り「幹」と「葉」のように量的データを整理・表現するグラフである。例えば，図13では，左側の5～9が「幹」で十の位，右側の数字が「葉」で一の位を表しており，90点台は90点，95点，96点の3人である。大量のデータや桁数の大きなデータ，外れ値がある場合には，度数分布表からヒストグラムをつくるとよい。

図13　テストの点数の分布

```
9|0 5 6
8|1 3 4 6 8
7|4 4 6 7
6|2 8
5|1
```
※ 9|0 は90を表す

7 パレート図

　パレート図は，図14のように棒グラフと折れ線グラフを組み合わせた複合グラフである。質的データ（けがの場所）を多い順に並べて，その大きさを棒グラフで表し，累積相対度数を折れ線グラフで表す。例えば，図14では，けがの場所は校庭・体育館で約7割を占めるので，校庭や体育館での対策が必要であることがわかる。このように，パレート図は，重要な要因を浮き彫りにできるため，企業の品質管理でよく利用される。なお，横軸は質的データであるため，累積相対度数グラフ（p.122，図21）とは異なる。

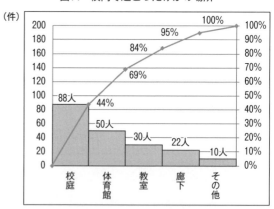

図14　校内で起こったけがの場所

8 ドットプロット（小6）

　ドットプロットは，量的データを数直線上に●（ドット）でプロットして表現したグラフである（図15）。データの散らばりを視覚的に確認したり，

個々のデータの値を読み取ったりすることもできる。データの個数が多いときはドットプロットにするのは大変なので，ヒストグラムに表すとよい。

図15　ソフトボール投げの記録

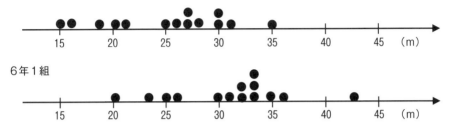

9　ヒストグラム（柱状グラフ）（小6），度数分布多角形（中1）

ヒストグラム（柱状グラフ）は，量的データを度数分布表に整理し，度数分布表をグラフに表したものである（図16上）。ヒストグラムの形状からデータの分布の特徴を読み取ることができる。ヒストグラムの面積は度数に比例するので，普通縦軸は省略せず，各軸の目盛りを等間隔として，柱と柱との間を離さずにかく。

このことにより，図16下のように，各柱の辺の中点をとり，左右両端は度数0の階級があるものとして順に結んだ多角形でも面積は変わらない。このグラフを**度数分布多角形（度数折れ線）**という。

図16　A中学校1年生の通学時間

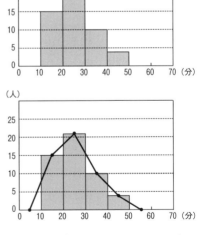

複数のデータセットの分布を比較するには，ヒストグラムだと重なって読み取りにくいため，度数分布多角形が便利である（図17）。

図17 A中学校とC中学校1年生の通学時間

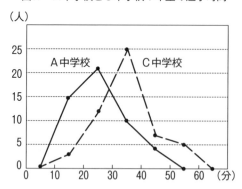

　表8のように，度数分布表の階級の幅が異なるときにヒストグラムをつくるには，横軸の目盛りは等間隔のため，図18のように柱の面積が度数に対応するように高さを調整する必要がある。

表8 ある会社の毎月の給料

| 給料（万円） | 人数 |
以上　　未満	（人）
15〜20	10
20〜25	15
25〜30	13
30〜35	9
35〜40	5
40〜60	8
合計	60

図18 ある会社の毎月の給料

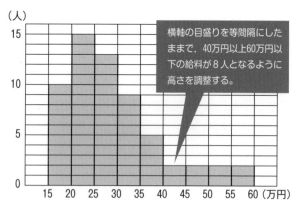

横軸の目盛りを等間隔にしたままで，40万円以上60万円以下の給料が8人となるように高さを調整する。

　また，ヒストグラムを作成すると，図19左のように，データの分布の山が1つ（**単峰性**）ではなく2つ以上になる場合（**多峰性**）がある。その場合は，質の異なるデータが混在している可能性があるため，元データに戻って2つの山になる原因を考えて，原因となる要因（男女別，年齢別など）で**層別**して再度ヒストグラムを作成することが大切である（図19右）。

図19 2組の50m走の記録

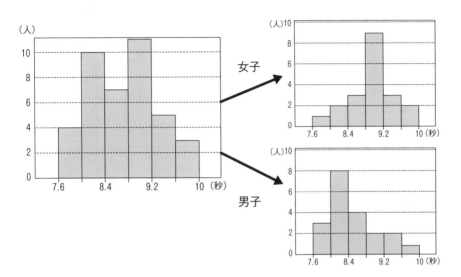

10 累積度数グラフ

表9の累積度数に対応するグラフを**累積度数グラフ**（**図20**），累積相対度数に対応するグラフを**累積相対度数グラフ**（**図21**）という。

図21から，診察までの待ち時間が40分未満の患者は約80%であるなど，度数が累積する様子を確認できる。また，縦軸の値から横軸の値を読むと，待ち時間の中央値は約33分，下位25%の患者の待ち時間は約23分と予想できるので，箱ひげ図の素地指導として位置づけることもできる（p.23参照）。

表9 ある病院の診察までの待ち時間

待ち時間（分）	度数（人）	相対度数	累積度数（人）	累積相対度数
以上0 〜 未満10	3	0.06	3	0.06
10 〜 20	7	0.14	10	0.2
20 〜 30	9	0.18	19	0.38
30 〜 40	22	0.44	41	0.82
40 〜 50	6	0.12	47	0.94
50 〜 60	3	0.06	50	1.00
合計	50	1.00		

図20 累積度数グラフ

図21 累積相対度数グラフ

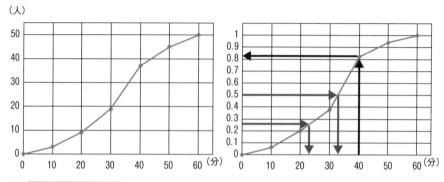

11 箱ひげ図（中２）

箱ひげ図は，量的データの最小値，四分位数，最大値（p.129参照）を「箱」と「ひげ（線）」で表したグラフである（図22）。複数のデータセットの散らばりを比較する際には度数分布多角形では線が重なって見えにくいので，箱ひげ図の方が便利である。例えば，図23のように複数の箱ひげ図を並べると（**並行箱ひげ図**という），コーヒー・ココア飲料の支出金額の推移とその年の特徴を読み取ることができる。ただし，2014年のように，ひげが長いと，そのひげの中

図22 ５数要約と箱ひげ図

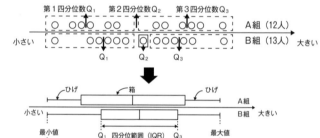

図23 コーヒー・ココア飲料の世帯ごとの１か月の支出金額

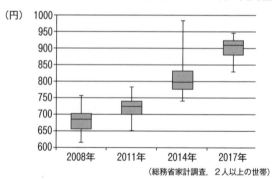

（総務省家計調査，２人以上の世帯）

にデータがたくさんあると勘違いする生徒がいるので，指導には注意が必要である。

12 散布図（高校）

散布図は，2つの量的データの関係を考える場面で用いる。2つの量的データについて，「一方が増えると他方も増える（右上がり）関係」を**正の相関**，「一方が増えると他方は減る（右下がり）関係」を**負の相関**という（図24）。例えば，図25では，2つの量的データの間に正の相関があることを視覚に確認できる。相関係数 r（p.132参照）が $r=\pm 1$ のとき，完全相関といい，散布図の点はすべて一直線上に並ぶ。

なお，散布図は軸の目盛りの取り方により印象が変わる。また，相関係数 r が1に近い値でも，外れ値を除外すれば相関がなくなることもある

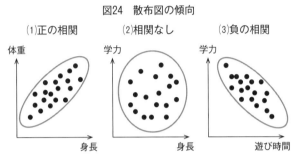

図24 散布図の傾向

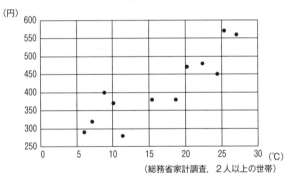

図25 2016年の「東京の月平均気温」と「1か月の炭酸飲料の支出金額」の関係

（総務省家計調査，2人以上の世帯）

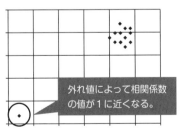

図26 外れ値がある散布図

外れ値によって相関係数の値が1に近くなる。

（図26）。そのため，相関係数と散布図を関連付けてデータの傾向を捉えることが大切である。

13 回帰直線

2つの量的データの間に正または負の相関があるとき，量的データの間には強い直線的な関係がある。このとき，一方の値から他方の値を予測する直線を**回帰直線**という。

最小二乗法による回帰直線の求め方

図27のように，実データである各点から求めたい直線 $y = ax + b$ まで縦軸と平行に引いた線分の長さが，点と直線の「残差」である。この残差はマイナスもあるので，残差を2乗し，その和が最小になるように直線を引く必要がある。この残差の2乗の和が最小になる直線が回帰直線である。

図27　最小二乗法の考え方

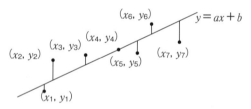

実際，求める回帰直線の式を $y = ax + b \cdots$ ①，数量 x の平均値を $\bar{x}$，数量 y の平均値を $\bar{y}$ とすると，最小二乗法を用いて $a = \dfrac{s_{xy}}{s_x^2}$（p.132参照）となる。残りの b は，この直線が点 $(\bar{x}, \bar{y})$ を通るので，①から $b = \bar{y} - a\bar{x}$ によって b の値を決定できる。例えば，p.132の表14の「読書時間」と「読んだ本の冊数」の回帰直線の式は，次のようになる。

$$a = \dfrac{3}{6} = 0.5, \ b = 4 - 0.5 \times 9 = -0.5 \text{より} \quad y = 0.5x - 0.5$$

したがって，$x = 10$（時間）のとき，$y = 4.5$（冊）となり，回帰直線の式は，p.132の散布図（図32）の傾向をよりよく説明している。　　　（塩澤　友樹）

4 データの代表値

統計的な分析を行うためには、分布の特徴をグラフだけでなく数値で捉えることが大切になる。分布の中心の位置を捉えるためには、平均値・中央値・最頻値の代表値をデータの特徴や分析の目的に応じて使い分ける。代表値を用いることで、複数のデータを比較することが容易になる反面、分布の形などの情報は失われていることに注意する必要がある。

1 平均値（小6）

平均値は、データの個々の値を合計し、データの個数でわった値である。いくつかの数や量をならして、同じにしたときの大きさをそれらの数や量の平均と捉える「測定値の平均」（小5：図28）の学びを受け「代表値としての平均値」（小6）を学習する。

平均値は一般的によく用いられる指標であるが、分布が非対称であったり多峰性であったりする場合や、極端にかけ離れた値（**外れ値**：高校）があったりすると、平均値はデータが集中している付近からずれてしまうことがあり、そのような場合に

図28　測定値の平均の意味

資料1　ある市の各小学校の児童数（人）

110, 120, 120, 160, 188, 204, 210, 1000

→平均値は264人：8校中7校が平均値より少ない。

は代表値としてふさわしくないので注意が必要である。例えば、資料1では、1000人の小学校があるため、平均値がその値に左右されている。

また、平均値を求める際に、0の値や外れ値の値を含めてよいかどうか判断することも大切である。データの値の原因が測定ミスや記入ミスなどの場合は、その値を取り除く、あるいは、値を修正して平均値を求めた方がよい。このように、外れ値などのデータの値を取り除いたり、データを修正したりすることをデータのクリーニングという。

2 中央値（小6）

中央値（メジアン） は，データを大きさの順に並べたときの中央の値である。データの個数が奇数の場合は，大きさの値に並べたときに中央の値があるが，データの個数が偶数の場合は，大きさの順に並べたときに中央の2つの値があるので，この2つの値の平均値を中央値とする（資料2）。

中央値は，データに外れ値があっても影響を受けにくいという特徴がある。こうした特徴を「頑健（robust）である（頑健性をもつ）」ということがある。例えば，資料3では，元々の得点の15点が高得点の78点に代わると，平均値は変動するが，中央値は変わらないことを示している。なお，データの個数を二等分する考え方は，四分位数（データの個数を四等分する考え方）につながる（p.129参照）。

資料2　データの数による中央値の求め方の違い

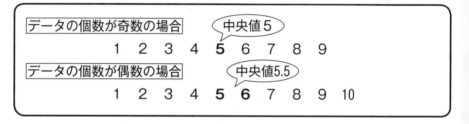

資料3　外れ値による中央値と平均値の影響

3 最頻値（小6）

最頻値（モード）は，「もとの資料において最も多く現れる値」（定義1：小6）と「度数分布表で最も度数の多い階級の階級値」（定義2：中1）の2つの定義がある。

前者の定義に関しては，質的データの場合は最大の度数を示すカテゴリーが最頻値となる。例えば，表10（質的データ）では，最頻値は「すりきず」となる。また，資料4（量的データ）では，23.5cmが最頻値となる。

表10　2年生のけがの種類

種類	人数（人）
すりきず	24
きりきず	10
ねんざ	4
その他	2

資料4　先月売れた靴のサイズ（cm）

22.0	22.5	23.0	23.5	23.5	23.5	23.5	23.5	24.0	24.0
24.5	24.5	25.0	25.0	25.0	25.5	25.5	26.0	26.0	26.5

後者の定義に関しては，表11のような度数分布表にした場合，最頻値は9.0秒となる。この定義の場合，度数分布表のつくり方によって最頻値が変わる。また，中央値と同様に，最頻値も外れ値による影響を受けにくく，頑健性をもつ。

なお，度数分布表の度数のピーク（山）が複数ある場合は，最頻値を代表値として用いることが妥当かどうか検討する必要がある。

表11　2組女子の50m走の記録

階級 （以上　未満）	階級値	度数 （人）
7.6〜 8.0	7.8	1
8.0〜 8.4	8.2	2
8.4〜 8.8	8.6	3
8.8〜 9.2	9.0	9
9.2〜 9.6	9.4	3
9.6〜10.0	9.8	2
合計		20

代表値のまとめ

代表値と定義	留意点
平均値 データの総和を総度数でわった値。	●外れ値があると影響を受ける（頑健性をもたない）。
中央値（メジアン） データを大きさの順に並べたときの中央にくる値。データの個数が奇数の場合は，中央の値。偶数の場合は，中央の2つの値の平均。	●外れ値の影響をあまり受けない（頑健性をもつ）。 ●データの個数（奇数個，偶数個）によって求め方が異なる。
最頻値（モード） 定義1：量的データの場合は，元データにおいて最も多く出てくる値。質的データの場合は，最大の度数を示すカテゴリー。 定義2：度数分布表で最も度数の多い階級の階級値。	●外れ値の影響をあまり受けない（頑健性をもつ）。 ●量的データで分布のピーク（山）が複数ある場合は，最頻値を使う意味があるかどうか検討する。

分布の形状と代表値の関係

右に歪んだ分布　　　　　　　対称な分布　　　　　　　左に歪んだ分布

最頻値　中央値　平均値　　　平均値
中央値
最頻値　　　平均値　中央値　最頻値

（川上　貴）

5 データの散らばりを把握する統計量

1 範囲（中1）

表12のように，平均値が同じでも散らばりが異なるとき，データの最大値と最小値の差で違いを比較できる。この最大値と最小値の差を**範囲**という。例えば表12では，A中学校の範囲は170－154＝16（cm），B中学校の範囲は162－156＝6（cm）より，A中学校の方が散らばっていることがわかる。

表12　男子バスケット部のスターティングメンバーの身長（cm）

ID	①	②	③	④	⑤	平均	範囲
A中学校	154	158	158	160	170	160	16
B中学校	156	160	161	161	162	160	6

2 四分位範囲（中2）

範囲は最大値と最小値の差であるため，それらの間にあるデータの散らばりは全く考慮していない。そこで，データを小さい順に並べ，データ数を4等分したときの境目にあたる3つの値で散らばりを評価することがある。これらの値を**四分位数**といい，小さい方から**第1四分位数Q_1，第2四分位数 Q_2（中央値），第3四分位数Q_3**という。第2四分位数を境にして2つに分け，第1四分位数は「下位データ」の中央値，第3四分位数は「上位データ」の中央値である（図29）。四分位数の求め方は，データの個数によって異なるので注意が必要である。

図29　四分位数の求め方

用語解説編　統計の森へようこそ　129

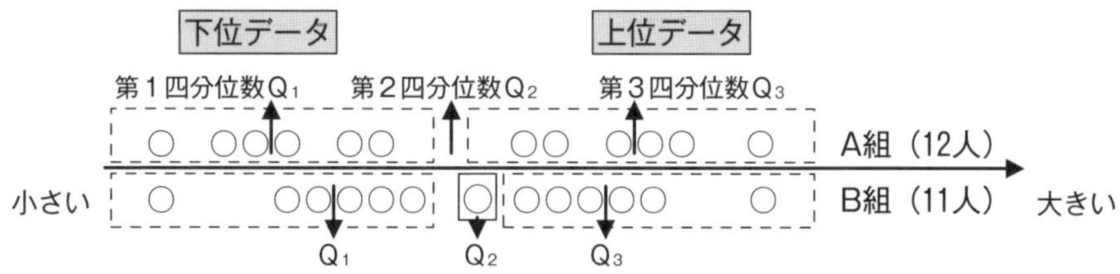

四分位範囲は，第３四分位数から第１四分位数をひいた差（$Q_3 - Q_1$）で求めることができる。例えば，表12の A 中学校では，第１四分位数は $\frac{154+158}{2} = 156$（cm），第３四分位数は$\frac{160+170}{2} = 165$（cm）であるから，四分位範囲は$165-156 = 9$（cm）。同様に B 中学校は$161.5-158 = 3.5$（cm）になる。そのため，中央値前後の50% のデータの散らばり具合についても，A 中学校の方が散らばっていると判断できる。なお，最小値，第１四分位数，第２四分位数（中央値），第３四分位数，最大値の５つの値を**５数要約**といい，５数要約を視覚化したのが箱ひげ図である（p.122参照）。

3 分散・標準偏差（高校）

データの散らばり具合を，平均値と個々の値との差（**偏差**）を利用して調べることができる。例えば，表13のように，偏差の平均は必ず０になるため，偏差の平均値を利用してデータの散らばり具合を調べることはできない。

表13　バスケットボール部の A さんの最近６試合のシュートの成功数

試合目	①	②	③	④	⑤	⑥	平均値
シュート数（本）	8	3	2	9	6	8	6
偏差（平均値との差）（本）	2	−3	−4	3	0	2	0
偏差の２乗（本²）	4	9	16	9	0	4	分散 $s^2 = 7$

各偏差の２乗の平均値は０にならないため，これを利用すると，データの散らばり具合を知ることができる。この値を**分散** s^2という。分散の単位はデータの値の２乗になる（表13では，$s^2 = 7$（本²））ので，分散の正の平方根をとると（$s = \sqrt{7}$ 本），その単位はデータの値の単位と同じになり，判断しやすくなる。この値を**標準偏差** sという。平均値から離れたデータがあると偏差を２乗した値も大きくなるため，分散や標準偏差が大きいほど，データの散らばっていると判断できる。

4 正規分布・標準正規分布（高校）

全国の小学6年生の身長の分布は，平均 m 付近の人数が多く，そこから離れるほど人数が少なくなるため，左右対称な釣鐘状の分布になる。この分布を**正規分布**という（図30）。さらに，身長のデータの標準偏差を

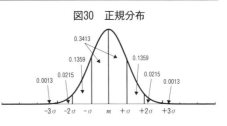

図30　正規分布

σ とすると，正規分布の性質について，次のことが言える。
・$m - \sigma$ から $m + \sigma$ の間に入るデータ数は全体の約68%
・$m - 2\sigma$ から $m + 2\sigma$ の間に入るデータ数は全体の約95%
・$m - 3\sigma$ から $m + 3\sigma$ の間に入るデータ数は全体の約99%

例えば，身長170cmの児童のデータが，平均身長150cmより $\pm 2\sigma$ 以上離れた値である場合，170cmはめったにない値である。そのため，この児童は同じ学年の中で「稀にみる高身長である」と判断できる。この正規分布のその見方が，仮説検定の棄却域の考えにつながる（p.143参照）。

また，正規分布は m や σ の値により，グラフの形状が異なる（細長い釣鐘や平べったい釣鐘になる）ため，推定や検定（p.141〜参照）では，平均値を0，標準偏差を1となるように直した（**標準化**した）図31の**標準正規分布**を用いる。標準正規分布の形は一意的であり，囲まれた面積が1となるため，面積と確率を関連付けて考察できる。

図31　標準正規分布

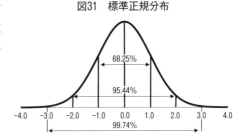

5 相関係数 (高校)

図32は，表14の「読書時間」と「読んだ本の冊数」のデータを散布図にしたもので，散らばりの様子から正の相関がありそうである。この２つの数量の関係の度合いを考えるためには，**共分散** s_{xy}（各データの（x の偏差）×（y の偏差）の平均値）を考えればよい。しかし，このままでは数量 x，y の単位の取り方や散らばり具合に影響を受けるので，共分散 s_{xy} を標準偏差 s_x，s_y の積でわった値を用いる。これを**相関係数** r という。表14では，次のような計算になる。

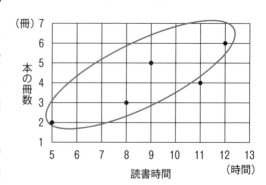

図32 表14の散布図

$$相関係数\ r = \frac{s_{xy}}{s_x s_y} = \frac{3}{\sqrt{6} \times \sqrt{2}} = \frac{\sqrt{3}}{2} \fallingdotseq 0.87$$

表14 「読書時間」と「読んだ本の冊数」の関係

生徒	①	②	③	④	⑤	平均値
読書時間 x （時間）	5	9	8	11	12	9
x の偏差の２乗	16	0	1	4	9	分散 $s_x^2 = 6$
本の冊数 y （冊）	2	5	3	4	6	4
y の偏差の２乗	4	1	1	0	4	分散 $s_y^2 = 2$
（x の偏差）×（y の偏差）	8	0	1	0	6	共分散 $s_{xy} = 3$

相関係数 r は $-1 \leqq r \leqq 1$ の値をとり，r が１に近いほど正の相関が強く，r が -1 に近いほど負の相関が強い。表14では，$r \fallingdotseq 0.87$ より正の相関が強いことがわかる。なお，相関があるからといって，「読書時間」が「読んだ本の冊数」が多い原因（要因）であると必ずしもいえず，実際には，本の種類やページ数など，多面的に考察したうえで，因果関係を判断する必要がある。

6 データの一部から全体を把握する方法❶—標本調査

1 全数調査と標本調査（中3）

集団のもっている性質や傾向を調べるためにその集団の全てのデータを集める調査を**全数調査**という。これに対して，集団の一部を取り出し調べて，その結果からもとの性質を推定する調査を**標本調査**という。標本調査の場合，調査の対象となるもとの集団を**母集団**といい，調査のために母集団から取り出された一部分を**標本**という（図33）。例えば，学校の健康診断はすべての児童・生徒の健康管理のため，航空機の手荷物検査は安全のため，全数調査を行う。缶詰めの品質調査は全部の缶詰を空けると売り物がなくなるため，テレビ番組の視聴率調査は視聴者全員を調べると調査の手間やコストがかかるため，標本調査を行っている。

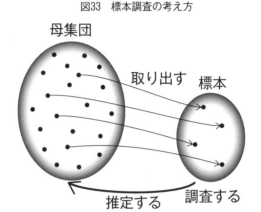

図33 標本調査の考え方

2 標本の取り出し方

味噌汁の味見をするときに鍋をよくかき混ぜるように，標本調査では一部を取り出したデータが母集団全体の縮図になっていることが大切である。母集団から偏りないように取り出すことを**無作為**に取り出す（**無作為抽出**）という。無作為抽出には，以下のように様々な方法がある。

①単純無作為抽出法（中3）

母集団から標本を単純に無作為に抽出する方法を**単純無作為抽出法**という。例えば，母集団のすべてに通し番号をつけて，それらの番号が選ばれる確率

用語解説編　統計の森へようこそ　133

が等しくなるようにしたうえで，無作為に標本を抽出できる。この方法は母集団が比較的小さい場合は問題ないが，母集団が大きい場合は非常に手間や時間がかかるため，後述する②～④の方法を用いてもよい。

標本を無作為に抽出する方法

標本を無作為に抽出するのに，さいころやくじ，乱数さい，乱数表，コンピュータ（表計算ソフト）などが使われる。乱数さい（写真1）は，正二十面体の各面に0から9までの数字が2つずつ書き込まれている。乱数表（資料5）は，さいころを振るような物理的操作によって0～9までの数値がそれぞれ全体で等確率に出現するように作成された物理乱数である。

写真1　乱数さい

なお，関数電卓や表計算ソフト（Excelなど）を使って乱数を出すことも考えられるが，乱数を発生させる過程がブラックボックスとなるので，乱数や無作為抽出の意味を理解してから，これらの方法を用いる必要がある。

例えば，80個のデータから5個のデータを選び出す場合は，まず，各データに1から80までの番号をつけ，次のように乱数さいや乱数表を用いる。

乱数さいの使い方

①乱数さいの色により，それぞれの目を十の位，一の位の数を表すと決める。

②乱数さいをふり，例えば，60，41，89，83，12，00，41，03，38，…となったら，80より大きい数や00，また，同じ数は除く。このように決めた番号の5個分（60，41，12，03，38）を標本とする。

乱数表の使い方

①目をつむり，乱数表の上を鉛筆で指したら04であったら，第４行を選ぶ。次に指した数字が49であったら，乱数表は40列しかないので，49－40＝9として第９列を選ぶ。第４行と第９列の交点にある７から横に２けたずつ区切って，77，47，14，14，40，87，12，40，…をとっていく。

②これらの数のうち，80より大きい数や00，また，同じ数は除く。このように決めた番号の５個分（77，47，14，40，12）を標本とする。

資料５　乱数表（日本工業規格の一部）

第９列

1	93	90	60	02	17	25	89	42	27	41	64	45	08	02	70	42	49	41	55	98
2	34	19	39	65	54	32	14	02	06	84	43	65	97	97	65	05	40	55	65	06
3	27	88	28	07	75	05	18	96	81	69	53	34	79	84	83	44	07	12	00	38
4	95	16	61	89	77	47	14	14	40	87	12	40	15	18	54	89	72	88	59	67
5	50	45	95	10	48	25	29	74	63	48	44	06	18	67	19	90	52	44	05	85
6	11	72	79	70	41	08	85	77	03	32	46	28	83	22	48	61	93	19	98	60
7	19	31	85	29	48	89	59	53	99	46	72	29	49	06	58	65	69	06	87	09
8	14	58	90	27	73	67	17	08	43	78	71	32	21	97	02	25	27	22	81	74
9	28	04	62	77	82	73	00	73	83	17	27	79	37	13	76	29	90	07	36	47
10	37	43	04	36	86	72	63	43	21	06	10	35	13	61	01	98	23	67	45	21
11	74	47	22	71	36	15	67	41	77	67	40	00	67	24	00	08	98	27	98	56

第４行

②系統抽出法（等間隔抽出法）

　母集団のすべてに通し番号をつけて，標本を等間隔で機械的に抽出する方法を**系統抽出**という。例えば，最初に乱数表などを用いてリストの３番目の人を抽出したら，それ以降は３，８，13，18，…番目のように等間隔に抽出する（図34）。抽出の手間と時間はかからないが，データが機械で生産された製品である場合，歯車の故障により等間隔に不良品が発生することがあり，不良品を発見できない可能性がある。

図34　系統抽出の考え方

①②③④⑤⑥⑦⑧⑨⑩⑪⑫⑬⑭⑮⑯⑰⑱⑲⑳㉑㉒㉓㉔…

用語解説編　統計の森へようこそ　135

③層化抽出法（層別抽出法）

母集団を，容易に判別できる同質な層（部分母集団）に分割し，各層から標本を無作為に抽出する方法を**層化抽出法（層別抽出法）**という（図35）。例えば，母集団の男女比が6対4とわかっているとき，母集団を男女に分け，同じ比率に合わせて標本を抽出すること（比例配分法）も考えられる。この場合，母集団の大きさを100，標本の大きさを10人とすると，母集団を男子60人，女子40人に分け，それぞれの層から6人，4人を無作為に抽出する。

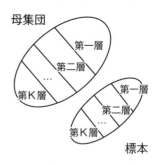

図35　層化抽出の考え方

④多段抽出法

母集団を，何らかの基準により層に分割し，そこから第1次集団を無作為に抽出する。さらにその第1次集団を分割し，第2次集団を無作為に抽出する。これを繰り返して，最終的な標本を抽出する方法を**多段抽出法**という。例えば，全国から500世帯を選ぶ場合，まず47都道府県から4つの都道府県を無作為に抽出する（第1次）。次に抽出された各都道府県から市区町村を無作為に5つずつ，合計20市区町村を抽出する（第2次）。最後に抽出された20市区町村からそれぞれ25世帯を無作為に抽出すれば（第3次），合計500世帯の標本を抽出できる（図36）。この方法では，地域を絞ることで手間やコストを削減できるという利点がある。

図36　多段抽出の考え方

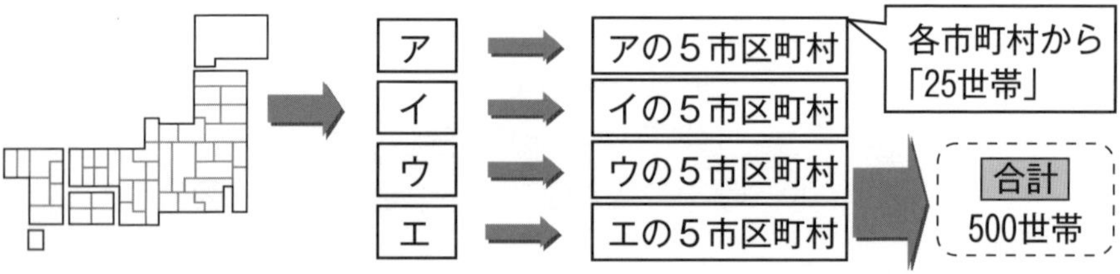

3 標本誤差の検討（高校）

　母集団から無作為に抽出した標本の平均値や比率は，母集団の平均値（母平均）や比率（母比率）と比べると誤差を伴う。この誤差を**標本誤差**といい，標本調査では，標本誤差を考慮したうえで母集団の平均値や比率を推定する。

①標本平均

　例えば，市内の中学３年生女子のハンドボール投げの記録の平均値を推定する場面を考える。市内の中学３年生女子全体（母集団）から100人を抽出すると，標本平均は14.0m，標本の標準偏差が5.0mであった。このとき，母集団の平均値（母平均）mに対する信頼度95％の信頼区間は，次のように計算できる。

$$14.0 - 1.96 \times \frac{5.0}{\sqrt{100}} \leq m \leq 14.0 + 1.96 \times \frac{5.0}{\sqrt{100}}$$

これを計算すると$13.02 \leq m \leq 14.98$で，標本誤差は$\pm 1.96 \times \frac{5.0}{\sqrt{100}}$となり，「95％の確率で母平均 m は13.02mから14.98mの間にある」と推定できる。一般的に，母平均 m に対する信頼度95％の信頼区間は，標本の大きさ n が大きいとき，標本平均を $\bar{x}$，標本の標準偏差を s として，次のような式になる。なお，n が大きいときは，母標準偏差 σ と標本の標準偏差 s を同じとみて代用してよい。

$$\bar{x} - 1.96 \times \frac{s}{\sqrt{n}} \leq m \leq \bar{x} + 1.96 \times \frac{s}{\sqrt{n}} \quad \cdots ①$$

「信頼度95％の信頼区間」とは，上記の標本調査を何度も行い，各標本平均 $\bar{x}$ に対して１つずつ信頼区間をつくる。この多数の信頼区間のうち95％のものについては「信頼区間の中に母平均を含む」という意味をもつ（図37）。

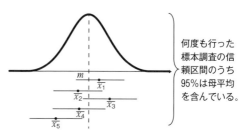

図37　信頼区間95％の意味

何度も行った標本調査の信頼区間のうち95％は母平均を含んでいる。

ハンドボール投げの例では，母集団から100人の標本平均を求め，その標本を戻し，再度100人の標本平均を求めることを繰り返すことを考える。100人の記録の標本平均は母平均付近の値が出やすいため，実験を繰り返した標本平均の分布は母平均 m を中心とした山型の分布になる。これが正規分布である。小学校で学習する「測定値の平均」も同様の理論的な背景をもつ。なお，標本平均（14.0m）と標本の標準偏差（5.0m）を固定して，標本の大きさ n を変えると，信頼度95% で信頼区間は表15のようになる。

表15　標本の大きさ n を変えたときの信頼区間

n	標本平均の誤差	信頼区間（信頼度95%）
100	±0.98	$13.02 \leqq m \leqq 14.98$
200	±0.69	$13.31 \leqq m \leqq 14.69$
300	±0.57	$13.43 \leqq m \leqq 14.57$
400	±0.49	$13.51 \leqq m \leqq 14.51$

2^2倍　　$\dfrac{1}{2}$倍

（標本平均 $\bar{x}$ =14.0，標本の標準偏差 s =5.0）

　標本の大きさ n を大きくすると標本調査の精度が上がるが，調査の手間やコストが増えるため，調査の目的に応じた調査計画が重要である。

②標本比率

　例えば，くじの中に当たりがどれくらいの割合であるか推定する場面を考える。N を十分大きいとして，N 個のくじから大きさ $n = 100$ の標本をとり，当たりの数が X = 20（標本比率 $p_0 = \dfrac{20}{100} = 0.2$）だったとき，母集団に含まれる当たりの割合（母比率）p に対する信頼度95% の信頼区間は次のように計算できる。

$$0.2 - 1.96\sqrt{\frac{0.2 \times (1-0.2)}{100}} \leqq p \leqq 0.2 + 1.96\sqrt{\frac{0.2 \times (1-0.2)}{100}}$$

これを計算すると，$0.1216 \leqq p \leqq 0.2784$ で，標本比率の誤差は，

$\pm 1.96 \sqrt{\dfrac{0.2 \times (1-0.2)}{100}}$ となり，「95% の確率で母比率 p は12.16% から

27.84% の間にある」と推定できる。一般的に，母比率 p に対する信頼度
95% の信頼区間は，標本の大きさ n が大きいとき，標本比率を p_0 として，
次のような式になる。

$$p_0 - 1.96 \sqrt{\frac{p_0 \times (1-p_0)}{n}} \leqq p \leqq p_0 + 1.96 \sqrt{\frac{p_0 \times (1-p_0)}{n}} \cdots ②$$

くじの例では，N=1000であるとき，当たりは1000×0.1216（個）から
1000×0.2784（個）の間，すなわち，95% の確率で約122個から278個の間
にあることがわかる。なお，くじの割合（p_0=0.2）を固定して標本の大きさ
n と当たりの数 X を変えると，信頼区間は表16のようになる。

表16　標本の大きさ n とくじの数 X を変えたとき（p_0=0.2）の信頼区間

n	X	標本比率の誤差	信頼区間（信頼度95%）
100	20	±0.0784	$0.1216 \leqq p \leqq 0.2784$
200	40	±0.0554	$0.1446 \leqq p \leqq 0.2554$
300	60	±0.0453	$0.1547 \leqq p \leqq 0.2453$
400	80	±0.0392	$0.1608 \leqq p \leqq 0.2392$

2^2倍　　　　　　　　　　$\dfrac{1}{2}$倍

標本の大きさ n を大きくすると，標本比率 p_0 の精度も上がるため，標本
比率の分布は，母比率 p を中心とする正規分布に近づく。そのため，標本
平均のときと同様に考えることができる。

なお，②の $\triangle \leqq p \leqq \square$ の不等式で，$\square$ から $\triangle$ を引けば信頼区間の幅が求
まる。そのため，標本比率の誤差をある幅で収めたいときに「最低必要な標
本の大きさ」もこの式から求めることができる。

用語解説編　統計の森へようこそ　139

視聴率調査

　日本の放送エリアは全部で32あり，ビデオリサーチでは，27のエリアで視聴率調査を行っている。関東地区では900世帯を調査対象とし，900世帯は系統抽出法によって選んでいる。仮に関東地区の総世帯数を1,800万世帯とすると，各世帯に番号を割り振っておき，

（総世帯数）÷（調査対象数）＝18,000,000÷900＝20,000

となるため，乱数表を用いて20,000よりも小さな数を選び，この数から20,000飛びに対象世帯を選ぶことができる（系統抽出法 p.135参照）。

　このように選ばれた対象世帯による視聴率は，標本調査であるために誤差を伴う。例えば，下の表にある1位の「第14回 NHK 紅白歌合戦」の番組の視聴率 p の誤差（信頼度95%）は，

$$\pm 1.96 \times \sqrt{\frac{0.814 \times (1-0.814)}{900}} \fallingdotseq \pm 0.025$$

となり，約2.5%の誤差がある。そのため，0.1%の視聴率の差で一喜一憂することは，あまり意味がないことがわかる。

全局高世帯視聴率番組・関東地区（1962年12月3日以降）

※ビデオリサーチ調べ

順位	番組名	放送日	番組平均・世帯視聴率（%）
1	第14回 NHK 紅白歌合戦	1963年12月31日（火）	81.4
2	東京オリンピック（女子バレー日本×ソ連ほか）	1964年10月23日（金）	66.8
3	2002FiFA ワールドカップグループリーグ（日本×ロシア）	2002年6月9日（日）	66.1

注）ビデオリサーチの視聴率調査の仕様を参考に解説したものです。

7 データの一部から全体を把握する方法❷—推定・検定

1 点推定と区間推定（高校）

①点推定

母集団から取り出した標本のデータを用いて，母集団の平均（母平均）や分散（母分散）の値（母数）を推測する方法を**推定**という。特に，標本平均や標本分散の値から母数を推定する方法を**点推定**という。例え

図38　点推定の考え方

ば，p.137の女子のハンドボール投げの記録について，市内の中3女子全体の平均（母平均）を推定するとき，抽出した100人の標本平均14.0mから，母平均も14.0mであると推定できる。さらに，再度100人の標本を取り直すと，例えば，2回目は13.6m，3回目は14.7mのように標本ごとに標本平均は変わるので，点推定の値と母数が一致するとは限らない（図38）。

②区間推定

点推定とは異なり，確率的な意味をもつ幅（区間）により，母集団の値（母数）を推定する方法を**区間推定**という。この区間を指定する確率を**信頼度**といい，95%や99%を用いる。p.137で用いた方法が区間推定であり，①の公式は次のように導出できる。

一般に，母平均 m，母標準偏差 σ の母集団から抽出した大きさ n の標本平均 $\bar{x}$ を標準化（p.143参照）すると，$u=\dfrac{\bar{x}-m}{\sigma/\sqrt{n}}$ の分布は標準正規分布になる。標準正規分布において，$-1.96 \leq u \leq 1.96$

図39　標準正規分布における95%信頼区間
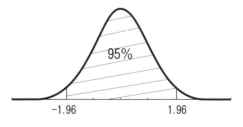

になる確率は95% であるから，上の u を代入すると，次の式が成り立つ。

$$-1.96 \leq \frac{\bar{x} - m}{\sigma / \sqrt{n}} \leq 1.96$$

これを m について整理すると，

$$\bar{x} - 1.96 \times \frac{\sigma}{\sqrt{n}} \leq m \leq \bar{x} + 1.96 \times \frac{\sigma}{\sqrt{n}}$$

n が十分大きいときは，母標準偏差 σ の代わりに標本の標準偏差 s を用いてよいので，σ を s に変えれば，p.137の①の区間推定の式が導出できる。

2 仮説検定の考え（高校）

例えば，子どもがコインを投げるとき，「5回投げて5回とも表が出た…❋」ことを考える。表が出る確率を p として，正しいコインは $p=0.5$，イカサマコインは p $=0.75$ や $p=1$ とし，5回投げて5回とも

表17　5回とも表が出る確率

	p	p^5
①	0.5	0.03
②	0.75	0.24
③	1	1

表が出る確率 p^5 を計算すると，表17のようになる。❋の出来事について，正しいコイン（①）である場合，p^5 の確率が0.03となるため「100回に3回しか起こらないような稀な出来事」が起きたことになり，②や③のようなイカサマコインである場合，確率は0.24以上であるため，「少しは可能性が期待できる出来事」が起きたと判断できる。

上の場面では，コインが「正しいコイン」か「イカサマコイン」かどうかを調べるため，表の出る確率を p として次の2つの仮説を設定できる。このとき，調べたい仮説（否定したい仮説）を**帰無仮説**，その受け皿となる仮説を**対立仮説**という。

帰無仮説 $H_0 : p=0.5$ （正しいコインである）

対立仮設 $H_1 : p \neq 0.5$ （イカサマコインである）

帰無仮説 H_0 が成り立つと仮定して計算し，H_0 を捨て去ることができる（なきものに帰す）かどうかを判定することを**仮説検定**という。つまり，背

142

理法の考え方である。一般的に，仮説検定では，基準となる数値 α を決めておき，次の判定を行う。

　確率がαより大きければH_0は捨てられない（稀な出来事とはいえない）
　確率がα以下であればH_0を捨てる（稀な出来事が起きたといえる）

　この基準となる確率αを**有意水準**または**危険率**といい，一般的に0.05（5％）または0.01（1％）を用いる。

　いま，①「正しいコイン」であるという仮定$p=0.5$の下，❋の出来事が起こる確率p^5は0.03であった。これは有意水準0.05より低い確率であるため，「稀にしか起こらない出来事」が起きたと判断できる。つまり，帰無仮説を捨てて（棄却し），対立仮説を採択し，子どもが投げたコインは有意水準5％で，「イカサマコインである」と判断できる。

　なお，αを小さくすれば，H_0を捨てられないので慎重な判断をすることになり，αを大きくすればH_0を捨てやすいので大胆な判断をしやすい反面，正しい仮説を間違って捨ててしまう危険もあるので注意が必要である。

3 仮説検定（高校）

　例えば，ある菓子店で機械が袋に詰める商品の重さは母平均$m=100$g，母分散$\sigma^2=4^2$の正規分布になるように調整されている。この機械が正しく調整されているかを確認するため，無作為に選んだ9個の商品の重さを測ると，標本平均$\bar{x}$は103.2gであった。このとき，有意水準を5％として検定を行うと，仮説は次のように設定できる。

　帰無仮説：$m=100$（機械が正しく調整されている）

　対立仮説：$m\neq100$（機械は正しく調整されていない）

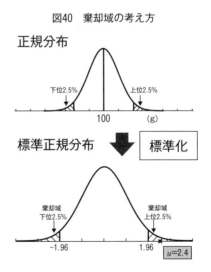

図40　棄却域の考え方

p.141の「区間推定の式の導出」と同様にして，母平均 m，母標準偏差 σ の母集団から抽出された大きさ n の標本平均 $\bar{x}$ について，標準化した $u = \dfrac{\bar{x} - m}{\sigma / \sqrt{n}}$ の分布は標準正規分布になる。ここでは，有意水準5％で検定するので，u の値が標準正規分布の「上位または下位2.5％」のどちらかの範囲に入れば（図40下），「確率が5％以下でしか起こらない稀な出来事」が起きたと判断できる。この範囲を**棄却域**という。

実際，お菓子店の例では，$u = \dfrac{103.2 - 100}{4 / \sqrt{9}} = 2.4 > 1.96$ となり，図40下の棄却域に入るため，帰無仮説を捨てて（棄却し），対立仮説を採択する。つまり，商品の重さの平均と母平均の間には意味のある差（**有意差**という）があるので，「有意水準5％で，この機械は正しく調整されていない」と判断できる。

コラム　探索的データ解析と箱ひげ図

探索的データ解析（exploratory data analysis（EDA））という考え方は，1960年ごろより統計学者 J.W.Tukey（1915-2000）によって提唱された。この考えは，区間推定や仮説検定のような理論的な統計よりも，むしろやさしく誰でも使える統計を用いて試行錯誤しながら分析することを重視している。

箱ひげ図（box plot）も Tukey の書籍（1977）で紹介されており，どんなデータであっても，「データを順番に並び替えて5数要約を求め箱ひげ図をかけば，大まかな分布の傾向がわかる」という手軽さも箱ひげ図のよさの1つである。

（塩澤　友樹）

書籍紹介

❶統計を学び直したい先生向け

○本丸諒『文系でも仕事に使える統計学　はじめの一歩』(かんき出版)
　サイエンスライターが執筆。小学校から高校レベルの統計をわかりやすい具体例で「ざっくりと統計学のイメージが伝わるような本」。

○熊原啓作,渡辺美智子『改訂版　身近な統計』(放送大学教育振興会)
　放送大学のテキスト。演習問題があるので,知識・技能の確認が可能。

○総務省統計研修所『初めて学ぶ統計』(日本統計協会)
　統計の意義と役割から統計の表やグラフの見方までを解説。
　書籍の節ごとの内容がYouTube(統計局動画チャンネル)で
　閲覧可能(右のQRコードでYouTubeサイトへ)。

❷図書室(児童・生徒)向け

○岩崎学監修『表とグラフの達人講座－はじめて出合う統計の本』(同友館)
　表やグラフの特徴・読み方・かき方が丁寧に記載。ハードカバー。

○渡辺美智子監修,青山和裕・川上貴・山口和範・渡辺美智子著『レッツ！データサイエンス　親子で学ぶ！統計学はじめて図鑑』(日本図書センター)
　毎日小学生新聞連載の記事を書籍化したもので,統計のグラフ・代表値・確率などを小学生がわかるデータで解説。総ルビ。

❸小学校の先生向け

○筑波大学附属小学校算数研究部編『算数授業論究XI(算数授業研究 vol.112)「統計」を究める』(東洋館出版社)
　統計教育に期待することなどの論考と,各学年のデータの活用の授業例を紹介。

○山本良和『すべての子どもを算数好きにする「データの活用」の「しかけ」と「しこみ」』(東洋館出版社)
　各学年のデータの活用の授業例を「板書計画」「授業の流れ」などで紹介。

○坂谷内勝『わかる！小学校の先生のための統計教育入門』(ミネルヴァ書房)
　統計の表やグラフのつくり方・見せ方, 統計グラフをパソコンでつくる方法, 教科別の統計教育の実践例などを紹介。

❹中学校・高校の先生向け

○日本統計学会編『統計検定3級・4級公式問題集』(実務教育出版)
　4級は中学校レベル, 3級は高校レベルの出題範囲。生徒に受験を進めるだけでなく, 統計データの場面が豊富なので教材研究にも利用可能(右のQRコードで統計検定サイトへ)。

○松元新一郎編著『中学校数学科　統計指導を極める』(明治図書)
　小学校から高校数学Ⅰまでの統計の知識, 統計の授業づくりのポイント, 中学校の実践例を掲載。

○お茶の水女子大学附属学校園連携研究算数・数学部会編著『「データの活用」の授業』(東洋館出版社)
　平成29年告示学習指導要領に対応した統計の授業づくりのポイント, 小中高の実践例を掲載。

○青山和裕編著『楽しく学ぶ！中学数学の統計「データの活用」』(東京図書)
　平成29年告示学習指導要領に対応した理論編(背景・指導内容・海外事情・統計ソフト・教材など)と実践編(中学校の実践事例)を掲載。

○黒田孝郎他『高等学校の確率・統計』(ちくま学芸文庫)
　三省堂が1984年に出版した高校数学教科書を, その教師用指導資料とともに文庫化したもの。当時のカリキュラムは, 高校の「確率・統計」の教科書で推定・検定まで指導していた。

引用・参考文献

(URL は，2019年3月現在)

海外（アルファベット順）

- Ennis, R. H.（1987）. A taxonomy of critical thinking dispositions and abilities, In J. B. Baron & R. S. Sternberg（Eds.）, Teaching thinking skills: Theory and practice,New York: W. H. Freeman,pp.9-26.
- Ivy Chow Yin Peng, Joseph Yeo Boon Wooi, Loh Cheng Yee, Teh Keng Seng（2016）, New Syllabus Mathematics Textbook Secondary 4 Express, Shing Lee Publishers Pte Ltd,371p.
- Paul,R.W.（1995）.Critical thinking: how to prepare students for a rapidly changing world, Foundation for Critical Thinking, 572p.
- S.S.Stevens（1946）. On the Theory of Scales of Measurement. Science 7 June 1946: Vol. 103 no. 2684 pp. 677-680.
- Tukey, J.W.（1977）. Exploratory Data Analysis. Addison-Wesley.
- Virginia M.（Ginni）Rometty（2014）. IBM THINK Forum での演説 https://www.ibm.com/ibm/ginni/10_08_2014.html
- Wild,C.J. & Pfannkuch,M.（1999）.Statistical thinking in empirical enquiry. International Statistical Review, 67（3）, pp.223-265.

国内（五十音順）

- 青山和裕・松元新一郎（2014）「ニュージーランドの教科「数学と統計」についてⅡ」イプシロン，56，pp.45－55.
- 木村捨雄・垣花京子・村瀬康一郎編著（2005）『進む情報化「新しい知の創造」社会の統計リテラシー』東洋館出版，pp.216－226.
- 楠見孝（2013）「良き市民のための批判的思考」,『心理学ワールド』日本心理学学会，61，pp.5－8.
- 黒田孝郎他（1990）『高等学校の確率・統計』三省堂，pp.123－148.
- 国立教育政策研究所（2004）「生きるための知識と技能 OECD 生徒の学習到達度調査（PISA）2003年国際結果報告書」，pp.94－100，pp.119－122.

・佐野弘一他（2018）「シンガポールの中等教育における数学教科書の分析―統計領域と現実世界の文脈の問題分析に焦点を当てて－」静岡大学教育実践総合センター紀要，26，pp.107－116.

・白旗慎吾監訳（2010）『統計学辞典』共立出版，p.243，p.264.

・総務省政策統括官（統計基準担当）（2017）「高校からの統計・データサイエンス活用～上級編～」日本統計協会，pp.70－79.

・総務省統計局「家計調査」.
https://www.stat.go.jp/data/kakei/index.html

・高遠節夫他（2013）『新確率統計』大日本図書，pp.107－112.

・中央教育審議会（2016）「幼稚園，小学校，中学校，高等学校及び特別支援学校の学習指導要領等の改善及び必要な方策等について」（答申：別添資料）
http://www.mext.go.jp/b_menu/shingi/chukyo/chukyo0/toushin/1380731.htm

・東京大学教養学部統計学教室（1991）『統計学入門（基礎統計学Ⅰ）』東京大学出版会.

・豊田秀樹（1998）『調査法講義（シリーズ調査の科学1）』朝倉書店，p.1，pp.44－93.

・長崎栄三編著（2001）『算数・数学と社会・文化のつながり』明治図書，pp.38－45.

・永田靖（2003）『サンプルサイズの決め方』朝倉書店.

・日本統計学会編（2012）『日本統計学会公式認定　統計検定2級対応　統計学基礎』東京図書，pp.119－120.

・日本統計学会編（2012）『日本統計学会公式認定　統計検定4級対応　資料の活用』東京図書，pp.14－20.

・ビデオリサーチ「視聴率ハンドブック」.

・松元新一郎（2009）「統計概念を理解し統計的に推論する授業」，長崎栄三他編著『豊かな数学の授業を創る』明治図書，pp.154－163.

・松元新一郎（2009）「中学校数学科の移行措置・数学的活動の授業づくり（2）」，『数学教育』No.624，明治図書，pp.81－86.

・松元新一郎（2011）「統計ソフトを活用して『問い』をもたせる工夫」，『数学

教育』No.645，明治図書，pp.48－51.

・松元新一郎編著（2013）『中学校数学科　統計指導を極める』明治図書.

・松元新一郎（2014）「定番教材を"生徒の実態"に合わせる発問構成の具体例（「資料の活用」の具体例)」，『数学教育』No.686，明治図書，pp.52－57.

・松元新一郎（2017）「新領域『データの活用』の授業づくり―『批判的に考察し判断する』ための教材研究のポイント―」，『数学教育』No.719，明治図書，pp.82－87.

・松元新一郎（2017）「新領域『データの活用』の授業づくり―『コンピュータ等の情報手段を用いる』ためのICT活用のポイント―」，『数学教育』No.720，明治図書，pp.84－89.

・松元新一郎，青木浩幸（2017）「統計的思考力を育成する統計ソフトの開発に関する研究（2）―時代の要請に応じた新ソフトウエアの開発―」日本数学教育学会，秋期研究大会発表収録，50，pp.353－356.

・松元新一郎（2017）「数学教育の統計指導における批判的思考」日本科学教育学会年会論文集，41，pp.167－170.

・松元新一郎（2018）「統計指導における批判的思考を促す働きかけ」日本科学教育学会年会論文集，42，pp.147－150.

・松元新一郎（2018）「統計を指導するための基本的な知識」rimse，22，pp.12－16.

・文部科学省（2018）「小学校学習指導要領解説（平成29年告示）算数編」日本文教出版.

・文部科学省（2018）「中学校学習指導要領解説（平成29年告示）数学編」日本文教出版.

・文部科学省（2019）「高等学校学習指導要領（平成30年告示）解説　数学編　理数編」学校図書.

・涌井良幸，涌井貞美（2010）『統計解析がわかる』技術評論社，pp.171－190.

・渡辺美智子監修，青山和裕・川上貴・山口和範・渡辺美智子著（2017）「レッツ！データサイエンス　親子で学ぶ！統計学はじめて図鑑」日本図書センター，p.143.

【執筆者一覧】（五十音順，2019年4月現在）

石綿健一郎（東京都世田谷区立用賀中学校主幹教諭）

折田　和宙（大田区教育委員会指導主事，
　　　　　　　前東京都大田区立赤松小学校主幹教諭）

川上　　貴（宇都宮大学教育学部講師）

川原﨑知洋（静岡大学教育学部准教授）

笹瀬　大輔（静岡県掛川市立原谷小学校教諭）

塩澤　友樹（岐阜聖徳学園大学教育学部講師）

高山　新悟（静岡県浜松市立雄踏小学校教諭，
　　　　　　　前静岡県浜松市立村櫛小学校教諭）

仁田　勇介（東京都中野区立緑野中学校教諭）

堀　　孝浩（東京都立富士高等学校附属中学校主幹教諭）

松元新一郎（静岡大学教育学部教授）

馬渕　達也（静岡県浜松市立村櫛小学校教諭）

南　　勇輔（宇都宮大学教育学部附属小学校教諭）

山田　　篤（東京都荒川区立第七峡田小学校主幹教諭）

【編著者紹介】

栁元新一郎（まつもと　しんいちろう）

東京都出身。妻と三男一女の6人家族。

東京学芸大学教育学部卒業，同大学大学院修了。

共立女子学園共立女子中学校教諭，東京学芸大学附属大泉中学校教諭，金沢大学教育学部講師，准教授，静岡大学教育学部准教授を経て，現在，静岡大学教育学部教授。

・平成20年「中学校学習指導要領解説　数学編」作成協力者
・平成22年「評価規準評価方法等の工夫改善に関する調査研究」協力者
・国立教育政策研究所「TALIS ビデオスタディ」国内専門委員会委員

主な著書

・栁元新一郎著『中学校新数学科「数学的な表現力」を育成する授業モデル』（明治図書）
・相馬一彦他編著『略案で創る　中学校新数学科の授業　第3巻　関数・資料の活用』（明治図書）
・栁元新一郎編著『中学校数学科　統計指導を極める』（明治図書）
・永田潤一郎編著『平成29年改訂中学校教育課程実践講座数学』（ぎょうせい）
・日本統計学会訳『統計科学百科事典』（丸善）
・算数科授業研究の会著『改訂新版　算数科教育の基礎・基本』（明治図書）など

小学校算数・中学校数学
「データの活用」の授業づくり

2019年8月初版第1刷刊　©編著者　栁　元　新　一　郎
発行者　藤　原　光　政
発行所　明治図書出版株式会社
http://www.meijitosho.co.jp
（企画）矢口郁雄　（校正）井草正孝
〒114-0023　東京都北区滝野川7-46-1
振替00160-5-151318　電話03(5907)6701
ご注文窓口　電話03(5907)6668

＊検印省略　　　　　組版所　長野印刷商工株式会社

本書の無断コピーは，著作権・出版権にふれます。ご注意ください。

Printed in Japan　　　　　ISBN978-4-18-240713-0

もれなくクーポンがもらえる！読者アンケートはこちらから

授業で使える 中学校数学 パズル・ゲーム大全

『数学教育』編集部 編

- ●魔方陣
- ●虫食い算
- ●シルエットパズル
- ●立方体パズル
- ●分布推測ゲーム
- ●暗号
- ●数づくり
- ●数当て
- ●裁ち合わせ
- ●関数ゲーム
- ●パラドックス
- ●数学マジック

…などなど

32ジャンル85題の，中学校数学の授業ですぐに使えるおもしろ問題を収録！
授業での扱い方のポイントも丁寧に解説！

シリーズ既刊も大好評！

A5判／160頁／本体2,000円+税／図書番号：2817

明治図書　携帯・スマートフォンからは **明治図書ONLINE** へ　書籍の検索，注文ができます。 ▶▶▶
http://www.meijitosho.co.jp　＊併記4桁の図書番号（英数字）でHP，携帯での検索・注文が簡単に行えます。
〒114-0023　東京都北区滝野川7−46−1　ご注文窓口　TEL 03−5907−6668　FAX 050−3156−2790

＊価格は全て本体価格表示です。